sy Quick

Q084

翻書就能算

紫微

林金郎◎著

悠遊紫微，笑看人生

二〇〇三年，我有幸看到林金郎先生大作《紫微很簡單》，當時這本書名列金石堂排行榜紫微類第一名連續好幾個月之久，這不是沒有原因的，因為林金郎先生書中對紫微斗數做了仔細的考證，也提出了很多新穎的概念，這在當時都是罕見的，而書中資料的齊全、分類的條理更不在話下。

我本身對紫微斗數也充滿熱愛，十幾年來收集的資料大概也有一套百科全書那麼多了，而且也比較過上千個命盤，我一直有個願景：希望能建立台灣紫微斗數完整的資料庫，用電腦統計方式進行斗數的應驗分析，還有就是建立一個遍及全球的線上諮商網。這在網路時代，當然不只是一個夢，但我更需要一位學養俱佳，而且充滿理想熱情的partner。

此時，我已經結束國外的事業返台，著手準備進行這項工作，當我讀到林金郎先生的大作後，又陸續閱讀了他的哲學、文學、商管作品，我知道，他就是那位partner了。於是我主動打電話給他，跟他討論我的想法，事情比我想像的還順利，因為他居然當場就答應了。事後我問他，為何會答應的如此乾脆，甚至不詢問任何有關合作的細節，他的答覆是：「我也正在等待這樣一位partner，而且我知道，他快出現了。」

可能一切都是注定好的吧！

事業在掌控中進行著，這兩年多來，金郎幾乎一直沉浸在哲學的

領域裡，所以他對生命、哲學的看法也更為深刻，於是我告訴他，或許可以出版兩本書，一本是為有心深入紫微斗數的人而寫的，另一本是為完全不懂紫微斗數的人而寫的。金郎贊同我的看法，也立刻著手進行——老實說，我真的很欣賞他這種說做馬上就做的特質，而您現在看的，就是第二本。

其實金郎私底下是個幽默並且愛耍寶的人，但寫起文章來卻非常嚴肅，可能是因為他一直認為文章是百年大業的關係吧！但金郎這本書卻顛覆了他以往的形象，不但淺白活潑，而且有趣極了，適合完全不懂紫微，或希望能用白話表達紫微的人來閱讀，除了內容詳實，還常常令人會神一笑，真可用「悠遊紫微，笑看人生」八個字來形容。

為了支持金郎的出書，我當然也非常樂意提供任何協助，讀者可以上我們的網站免費下載紫微命盤，也可以在這裡看到更多的紫微資料，並在這裡進行紫微的討論。

如果可以，我想邀請大家，一起把紫微斗數哲學推廣到全世界，因為我始終都相信，它不只是一個夢。

吳孟龍

吳孟龍，佛羅里達大學企管碩士、荷蘭大學財經博士班預科畢業，曾任美國花旗、美林國際金融機構資深顧問、國內基金經理人，著有《希望密碼》、《漫談美國基金》等書，現為「紫微生活網」執行長 http://www.ehope.com.tw。

啓航：進入紫微YOYO世界

第一站　十四主星

第二站　紫微、天機、太陽系

終點站：You will be back！

啟航：進入紫微YOYO世界

各位親愛的旅客：歡迎搭乘「紫微悠遊樂園」專機，我們即將啟航進入紫微斗數的奇妙世界，展開各位的好命探索之旅。

這個探索之旅是為兩種人設計的：一是完全不懂紫微的人，您只要依照本旅遊手冊的導覽，很快就可以找到自己的命運星站；二是懂紫微但不知如何表達的人，本手冊提供了完整而活潑的話本，讓您說紫微好像唸順口溜。

我們相信您已經有一張完整的紫微命盤了，如果沒有，您可以到http://www.ehope.com.tw網站的「免費服務區」下載，當然，有很多網站也都有提供免費命盤下載，如Destiny命理網：http://destiny.xfiles.to/，或您只要搜尋「免費命盤」即可。

命盤的樣本請參考第八頁，紫微的命盤內容包含十二宮位、108顆星及其他資訊，由它們構成紫微論命的資訊主體，當然每個人因為時辰不一樣，所以宮位和星曜的位置也不一樣，因而顯現出每個人不同的命運。

壹、命盤介紹

一、宮位

　　命盤一共有十二格，也就是十二宮，樣本命盤中每宮的右下角有個以天干地支標誌的符號，如左上角的夫妻宮是「癸巳」，右邊的兄弟宮是「甲午」。

　　1.十二地支

巳 (6)	午 (7)	未 (8)	申 (9)
辰 (5)			酉 (10)
卯 (4)			戌 (11)
寅 (3)	丑 (2)	子 (1)	亥 (12)

　　十二地支是「子、丑、寅、卯、辰、巳、午、未、申、酉、戌、亥」，它們在命盤上的位置從（1）到（12）是固定不變的，代表十二宮的位置，譬如樣本中的夫妻宮「巨門在巳宮與文昌同坐」，我們很快便可知道星曜的所在；或者說「夫妻宮在巳」，如此便可知道十二祿命宮的位置。

　　2.十天干

「甲、乙、丙、丁、戊、己、庚、辛、壬、癸」，稱為十天干，十天干不是固定的，現在用電腦排盤即可。天干最主要的用處是求「四化」。

命盤樣本

巨文天天空天 門昌馬福亡虛 旺廟 祿忌 24-33 (5.17.29.41.53.65.77.89) 【夫妻宮】【身宮】癸巳	廉天地陰天天解天 貞相空煞鉞廚神才 平廟 14-23 (6.18.30.42.54.66.78.90) 【兄弟宮】甲午	天天封天白華 梁刑誥哭虎蓋 旺 4-13 (7.19.31.43.55.67.79.91) 【命宮】乙未	七陀天 殺羅貴 廟陷 114-123 (8.20.32.44.56.68.80) 【父母宮】丙申
貪地紅截恩天 狼劫鸞路光壽 廟　廟 34-43 (4.16.28.40.52.64.76.88) 【子女宮】壬辰	中華民國 陰男 國曆　1　年　1　月　1　日巳時生 農曆辛亥年　11　月　13　日巳時生 命主武曲 身主天機 金四局		天文祿天破 同曲存官碎 平廟廟 科 104-113 (9.21.33.45.57.69.81) 【福德宮】丁酉
太鈴龍旬 陰星池空 陷利 44-53 (15.27.39.51.63.75.87) 【財帛宮】辛卯			武天擎天寡 曲月羊喜宿 廟　廟廟 94-103 (10.22.34.46.58.70.82) 【田宅宮】戊戌
紫天火左　天天天旬孤三 微府星輔　魁使巫空辰台 旺廟廟 54-63 (14.26.38.50.62.74.86) 【疾厄宮】庚寅	天斐喪 機廉門 陷 64-73 (13.25.37.49.61.73.85) 【遷移宮】辛丑	破右天八天咸 軍弼傷座空池 廟 74-83 (12.24.36.48.60.72.84) 【僕役宮】庚子	太天台鳳 陽姚輔閣 陷 權 84-93 (11.23.35.46.59.71.83) 【官祿宮】己亥

3.祿命宮位

十二祿命宮位依「逆時針」順序是：命宮、兄弟宮、夫妻宮、子女宮、財帛宮、疾厄宮、遷移宮、僕役宮、官祿宮、田宅宮、福德宮、父母宮。

4.大限宮位

每一個宮位都代表十年大限運，如範例中：巳宮為24～33歲的大限十年運，午宮為14至23歲的大限十年運，依此類推。

5.小限宮位

每一個宮位也都代表一年小限運，如範例中：巳宮為5.17.29.41.53.65.77.89……歲（12年一輪）那年走到的宮位，所以代表那年的運勢，依此類推。

6.流年宮位

子鼠、丑牛、寅虎、卯兔、辰龍、巳蛇、午馬、未羊、申猴、酉雞、戌狗、亥豬，譬如今年鼠年，大家的流年都在子宮，依此類推（小限的宮位則大家不一樣）。

二、星曜

1.主星、輔星、小星

宮位裡有很多星曜，依重要性分為：主星、輔星、小星，譬如樣本中巳宮中的巨門是主星，文昌是輔星，其餘是小星。一般來說，越重要的星會放在越左邊（有的在右邊），所以我們從邊邊開始

找起，就能依序找到主星、輔星、小星。

2.亮度

主星和輔星會標示出星曜的亮度，亮則吉，陷者凶，如樣本中的巳宮，巨門「旺」、文昌「廟」，就是表示星曜的亮度。

3.四化

四化就是化祿、化權、化科（以上稱「三奇」）、化忌，有的主星或輔星會四化，有的不會，如樣本中的巳宮，巨門「祿」就是巨門化祿，文昌「忌」就是文昌化忌。

三、命盤流動性

命盤看起來好像固定，但事實上，卻是無時無刻不在流動，因而構成一個人一生的不斷流轉與變遷。

1.命不動運動

命宮雖然不變，但大限會移動、小限也會移動。十二年宮位一個循環、十年四化一個輪迴，所以批算運勢，皆需考量命宮、大限、小限的流動清況。

2.流運命宮

大限、小限、流年稱為「流運」，我們可以將大限當成這十年的命宮，其餘祿命宮位依「相反」次序轉變位置，如此可觀察這十年的運勢。小限、流年亦然，我們可以將今年當成這一年的命宮，其餘祿命宮位「相反」次序轉變位置，如此可觀察這一年的運勢。

譬如，看感情婚姻，除了本命的夫妻宮外，大限、小限、流年夫妻宮也有很重大的影響力。

貳、遊園規則

　　現在我們要教您用最簡單的方式，就可以自己算紫微，這時您只要先了解紫微斗數裡的星星、宮位和三方四正就可以了，很簡單吧！

一、尋找星曜

1.主星

　　有十四顆，分別是：紫微、天機、太陽、武曲、天同、廉貞、天府、太陰、貪狼、巨門、天相、天梁、七殺、破軍。它們有時單顆出現，有時兩顆成雙出現。主星的亮度也各不相同，分類辦法有下列三種。

五級制	第一級	第二級	第三級	第四級	第五級
六級制	廟	旺	平、閒	地	陷
七級制	廟	旺	利、得、平	不	陷

2.四化星

　　有四顆，分別是：化祿、化權、化科、化忌。

3.七吉星

　　有七顆，分別是：文昌、文曲、左輔、右弼、天魁、天越（鉞）、祿存。

4.七煞星

有七顆，分別是：擎羊（羊刃）、陀羅、火星、鈴星、天刑、地空、地劫。

二、三方四正

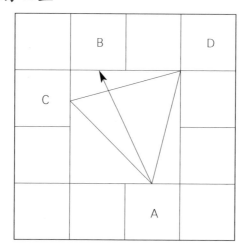

除了我自己的宮位（A）外，對面宮位（B）和左邊第四個宮位（C）、右邊第四個宮位（D）對我也會有影響，A、B、C、D四個宮位統稱「三方四正」。

三、尋找命宮星站

接下來，我們就要來尋找您的命運星站了，首先，您必須計算您的星曜得分囉！以命宮為例。

1.主星

依主星的亮度給分。市面上雖然有多種分級方式，總之，廟

（第一級）+3分，旺（第二級）+2分，地或不（第四級）-2分，陷
（第五級）-3分，其餘是第三級0分。

如果您的宮位是雙主星，請兩顆分數加起來除以2。

如果您的宮位沒有主星，請以對面宮位的星為準。

2.生年四化

生年四化直接在命盤呈現出來，如果三方四正有生年化權、化
祿、化科的人，每顆各+2分；有化忌的人-3分。

3.七吉星

如果三方四正有逢到吉星的人，每顆各+1分。

4.七煞星

如果三方四正有逢到煞星的人，每顆各-1分。

5.宮位四化

每個宮都會有編號，譬如：甲辰、乙巳……，上面一定是甲、
乙、丙、丁、戊、己、庚、辛、壬、癸等十種天支，宮位的四化不
會在命盤裡顯現出來，您要依照下表自己加入：

化／天干	甲	乙	丙	丁	戊
化祿	廉貞	天機	天同	太陰	貪狼
化權	破軍	天梁	天機	天同	太陰
化科	武曲	紫微	文昌	天機	右弼
化忌	太陽	太陰	廉貞	巨門	天機

化／天干	己	庚	辛	壬	癸
化祿	武曲	太陽	巨門	天梁	破軍
化權	貪狼	武曲	太陽	紫微	巨門
化科	天梁	太陰	文曲	左輔	太陰
化忌	文曲	天同	文昌	武曲	貪狼

如果三方四正有宮位化權、化祿、化科的人，每顆各+2分；有化忌的人-3分

6.總合

請將上述主星、生年四化、輔星、煞星、宮位四化的個別分數加總起來（下頁有計分表）。

總分10分以上者為★★★★★

總分9.8.7.6.5.分者為★★★★

總分4～-4分者為★★★

總分-5.-6.-7.-8.-9.分者為★★

總分-10以下者為★

以上分數只是一個參考值，有的人因為多行善修德，命運好轉，分數雖不高，卻顯現出高的運勢；相反的，有的人因為多行不善，命運轉壞，分數雖高，卻顯現出低的運勢。所以您應該參酌自己的實際情況給予判定。

7.命宮星站

現在您可以找到自己的命宮星站了！譬如您是「紫微★★★

★」，就請到這個星站，它會告訴您命宮的運勢；又如您是「紫微七殺★★★」也請到那個星站，它也會告訴您命宮的運勢。星站的位置您可以在目錄裡很快的找到。

　　每個星站各提供了七欄訊息，分別是：「格局」、「事業」、「財富」、「愛情」、「學業和科名」、「人際」、「愛的小叮嚀」，我們希望您除了瞭解自己的運勢外，更應該知道如何掌握自己的優勢，克服自己的缺點，這樣才會是越算越好命的原因。

　　為了讓您能更輕鬆的找到星站，我們為您設計了一張計分表，您只要依照內容填寫，就可以找到星站了。見下頁圖表。

　　8.雙主星的奧妙

　　在這裡我們要特別提醒您，雙主星並不等於兩顆主星加起來看，事實上它已經變成另一個物質。譬如「紫微七殺」就是一個格局，您應該直接到「紫微七殺」星站閱讀相關資訊，而不是先到「紫微」星站看一下，接著到「七殺」星站看一下，然後把兩個加起來，這樣是不對的。外面的樂園經常只有十四顆主星的星站，但這裡我們多建造了二十四個雙主星的星站，就是希望各位能得到正確並且充足的資訊。

尋找星站計分表

宮位主星		(如果宮位沒有主星，以對面宮位的星為準)	
計分項目		得分	説明
1	命宮主星亮度		廟（第一級）＋3分 旺（第二級）＋2分 地或不（第四級）-2分 陷（第五級）-3分 其餘是第三級0分 （如果宮位是雙主星，請兩顆分數加起來除以2）
2	生年化祿・化權・化科		逢到每顆各＋2分
	生年化忌		逢到-3分
3	七吉星		文昌、文曲、左輔、右弼、天魁、天越、祿存 逢到每顆各＋1分
4	七煞星		擎羊、陀羅、火星、鈴星、天刑、地空、地劫 逢到每顆各-1分
5	宮位化祿・化權・化科		逢到每顆各＋2分
	宮位化忌		逢到-3分
	總計		總分10分以上者為★★★★★ 總分9.8.7.6.5.分者為★★★★ 總分4～-4分者為★★★ 總分-5.-6.-7.-8.-9.分者為★★ 總分-10以下者為★
	我的星站		宮位主星＋星星數 （如天機太陰★★★★）

參、尋找祿命運勢

前面已經說過了，命宮只是一個種子，如果您想更仔細的了解其他各種運勢，那您就得到那個宮位去尋找資訊。

譬如，如果您想更了解工作、職業與升遷的運勢，可以用「事業宮」當命宮算出分數，然後到那個星站的「事業」一欄裡去找尋答案，算法和命宮的算法完全一樣。

譬如您的事業宮是「太陽太陰★★★★」，那您就到「太陽太陰★★★★」星站裡的「事業」一欄閱讀相關資訊。

您可以用事業宮的主星和總分在星站的「事業」一欄找到職業、動向、升遷的運勢。

您可以用夫妻宮的主星和總分在星站的「愛情」一欄找到婚前、婚後的感情運勢。

您可以用財帛宮的主星和總分在星站的「財富」一欄找到收入、理財的運勢。

您可以用田宅宮的主星和總分在星站的「財富」一欄找到置產的運勢。

您可以用遷移宮的主星和總分在星站的「人際」一欄找到外出的運勢。

您可以用朋友宮的主星和總分在星站的「人際」一欄找到交友的運勢。

您可以用事業宮、福德宮的主星和分數在星站的「學業和科名」一欄找到讀書、考試、創作、成名的運勢。

您可以用兄弟宮、父母宮、子女宮的主星和分數在星站的「愛情」一欄分別找到與他們的親密關係（與愛情通用）。

肆、尋找流運

命盤會告訴您哪個宮位是您的十年運宮位，您只要將那個宮位當成大限的命宮，用同樣的方法就可以找到十年運勢的星站。

命盤也會告訴您哪個宮位是您今年的運勢宮位，您只要將那個宮位當成「小限命宮」，用同樣的方法就可以找到今年運勢的星站。

星站可以用不同的方法告訴您各種不同的資訊，不過我們希望您先熟稔以上命宮、其他運勢、大限、小限的尋找方法，到了終點站，我們會再告訴您更多的技巧。

準備好命盤了嗎？算出您的主星和分數了嗎？好了，我們要出發去尋找每個人的星站，閱讀裡面各欄的運勢訊息了，出發囉！

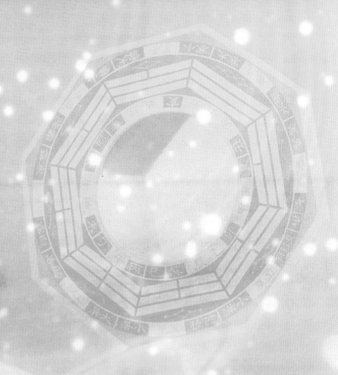

第一站
十四主星

紫微

格局

放鞭炮，恭喜您囉！這真是「金光閃閃，瑞氣千條」的上上格局，不但貴氣沖天，並且是九五帝王之象，所以各方面的運勢無往不利，是一個難得登峰造極的運勢，您的親友在外都報您的名號，並深受您的提攜！

事業

您可以顯現無上的領導能力和魅力，並且受到眾人的支持，有獨占鰲頭的氣勢，所以可以好好執行心裡的計劃，並可大有斬獲，這可不是隨便有的運勢！

財富

這個無上的帝王之氣運用在財富上當然也是十分順遂，雖然不是一夕致富或投機聚財的類型，但絕對可以透過工作的完成而獲得豐富的報酬，這個報酬還會出乎您的預期，更因而獲得他人的肯定，正是所謂的「名利雙收」。您也會有享受豪華的氣質，凡事都講求氣派和格調。

愛情

如果您還沒有伴侶，會遇上一個高格調的愛情，愛情的運勢也

有左右逢源的跡象，而且是自由戀愛的典型，對象高貴、氣質非凡，並且是大眾情人的類型。如果您已經有伴侶，會更為恩愛，並因為得到配偶的幫助而獲得助益。總之，愛情是屬於「宮廷超級豪華」型，值得好好經營，不過因為您條件極優，所以會有點花心唷！

學業和科名

運勢也是相當旺盛，並且有因而獲得獎狀、獎勵、肯定的運勢，能夠學海蜚聲，名揚四海。您提出新的作品和企劃，也會受到他人的重視和採納，並因而獲得可貴的商機。

人際

您展現王者風範，處處都是幫助您的人，並且受到眾人的拱持，是人際領導中心，真是眾望所歸！

愛的小叮嚀

您是台灣之光、勝投王，挑戰二十勝！所以在潛意識裡會有一點小小的驕傲喔，因此應該有「王者的風範」，這樣不但會更受歡迎、更受愛戴，也能在成就之外，獲得更好的名聲，這樣才是真正的「才德兼具」，恭喜您了！

紫微

格局

您的運勢凡事都有八成以上的成功率,所謂「有夢最美,築夢踏實」,所以非常適合「實踐」,同時也展現了不錯的領導魅力和風格,您有高級主管的格局,以領導力取勝。

事業

因為獲得眾人的支持與肯定,所以展現了突破和成果,這個結果令人滿意,而且攻下了版圖,奠定致勝關鍵。您是屬於領導型的人物,所以應該在管理和領導統御上多下功夫喔!

財富

雖然不是一夕致富,也非投機致富,但會因為工作上的突破與表現而有不錯的收入,所以應該好好在業務上求發展,除此之外,也會得到好名聲。不過您會有奢華與享受的傾向,所以在這個部分的花費也頗為可觀,不過您也盡情享受它。

愛情

是很有格調的,如果您還沒有伴侶,會邂逅一位高貴的淑女或紳士,如果您已經有伴侶,愛情也會更為恩愛。不論如何,您會去經營一個華麗的愛情,絕不寒酸,但除了華麗,這也是個有格調的

愛情，所以您一定要很有格調的去維護，譬如不要見色思遷，這樣它就能變得更美、更好。

學業和科名

考運不錯，各科均衡發展，而且有機會獲得肯定，因而得到執行的機會和資源。您的作品和企劃，被人採納的機會高，您會好好掌握這個機會，推銷自己的理念和想法，奠定成功的基礎。

人際

您能左右逢源，周遭的人都支持您，並且重視您的意見，而您也像大哥、大姐一樣的照顧他們，您有核心分子的架勢。

愛的小叮嚀

您的運勢和魅力都不錯，所以無意間有點跩跩的，其實您的成就絕大因素，要歸功於您的領導能力和魅力，所以眾人的拱持才是決定您成就的因素，因此，別忘了「廣結善緣」，因為，這就是您「成功的秘方」，如果失去眾星的拱照，也無法顯現明月的美麗，不是嗎？

紫微

★ ★ ★ ☆ ☆

格局

　　雖然您的運勢只能算是平平，但如果您能了解成功的秘訣與特質是在「人際與領導」，並進而提升這方面的本職學能、走入群眾、經營基層，相對的，成功的機率是可以大幅提升的喔！

事業

　　您應該得到眾人的支持，才會有成功的機會，所以您應該「廣結善緣」爭取認同，如果不能得到眾人的支持，則千萬不要貿然嘗試，一意孤行，否則就不容易成功。你喜歡指揮別人，但應該考慮別人的感受，以及自己的功蹟能喊得動別人嗎？

財富

　　運勢也是平平，不過您可能因為希望獲得好的群眾支持而花錢，小心，錢要花在刀口上，否則就會因為想當大哥而有耗損的情況。另外在享受上，您的花費也算不少。

愛情

　　如果您能以高貴的身段與有格調的方式與對象交往，情況還算樂觀，但如果您流露出對愛慾的渴望，則會讓對方感覺到厭惡，所以一定要保持身分的高雅。已經有伴侶的朋友也是一樣，您要將對

方當成貴婦和貴族，以更得體高貴的身段來面對您的伴侶，並試圖去經營一些浪漫活動，這樣就能維持良好的伴侶關係。

學業和科名

雖然您很想有所表現，但實則沒有太特殊的表現，所以應該好好沉潛下來，將思慮好好重整一下，檢討自己的讀書或創作、企劃方式，這樣對未來才會有所幫助。

人際

是您決定勝負的關鍵，但您在這方面並未顯現出良好的運勢徵兆，所以此時就必須靠後天的作為來彌補和增強。

愛的小叮嚀

您運勢雖然平平，但可以透過高雅的格調以及調和的人際關係來彌補這個缺憾，另外，最重要的是，千萬不要流露出低俗，並且發生與人爭執的情況，否則運勢就會更糟。您常以領導人自居，這不是壞事，但應拿出更多績效來讓人認同您，否則難免招人微辭。

紫微

格局

您的運勢有點不好喔，所以您最好了解不好的情況與處理的方法，這樣才能減少利空的衝擊。另外，不要固執己見，盲目前進，這樣會有停損效果。

事業

您可能因為剛愎自用因而不能獲得眾人的支持，此外，您也會有企圖透過投機方式來處理事情的徵兆，但這些都會導致您的失敗，所以，您可以先安靜下來，一動不如一靜，事緩則圓，避免在這個時候行動遭致損失。

財富

也不理想，如果您想投機的話，極可能遭受損失，此外也會因為花太多金錢在維護面子的交際應酬和過分的享樂上，而入不敷出，所以您還是選擇保守的理財方式最為合適，並且在財務的撙節上有所規劃，不要以為刷卡不用付錢。

愛情

您可能會因為流露出愛慾的情緒與行為，乃至因為劈腿，而讓對方感覺您不是一個有格調的人，因此在感情上遭受挫折，所以您

應該克制自我的慾望。已經有伴侶的朋友也是一樣，不要讓伴侶覺得您顯得「猴急」或不忠誠，而心生不滿。

學業和科名

如果您用功一點的話，其實可以將成績拉上來，但您外務太多，心不在焉，如果您想作弊的話，風險會很高喔，很可能會被逮到！至於您的作品和企劃也可能不被接受，甚至被奚落一番，讓您覺得「很受傷」，甚至因而遭受名聲上的損失。

人際

處於稍嫌緊張的狀態，您會因為喜歡獨當一面、過分獨斷，而遭受眾人的質疑，但眾人的情緒並不會在您面前顯露出來（敢怒不敢言），所以喪失了自我反省的機會。

愛的小叮嚀

因為運勢並不理想，加上心急氣躁，所以可能引發低俗、投機的行為，也因而變得更加獨裁剛愎、對人頤使氣指，這些都會使情況更加惡化。所以您最好能夠保持心情的平靜，採取保守策略，避免擴張，這樣才能減少風險與損失。

紫微

★☆☆☆☆

格局

對不起，您的運勢很糟糕喔，所以您應該採取「隱居」、「蟄伏」的低調策略，避免做出決策與行為，這樣會比較有利避免受到傷害，如果能在宗教（佛教）上獲得啟發和慰藉，那就更好了。

事業

您會因為運用不恰當與投機的手段，而蒙受重大的挫敗，眾人對您的忍耐已經到達極限，太過剛愎自用的惡果很快就會顯現出來，如果不能停止這些行為，事業的衝擊會超出您的想像。

財富

當然也受到運勢的波及，如果您的事業受到嚴重衝擊，此時必然伴隨財富的重大損失與周轉困難，如果此時您想借用地下錢莊或不正常管道的資金，情況將會如雪上加霜般。如果您只是一般上班族，也可能在財務上有損失，最主要的原因在於敗家似的拼命刷、用力刷，好像刷卡不用付錢，結果就被奪命連環Call，被逼迫繳費，甚至挨告了。

愛情

您有沉溺情慾和肉慾、劈腿的情況，也因此對正常的男女感情

造成嚴重傷害，當然，也會有因色破財的情況發生，小到揮霍無度，大到被仙人跳都有可能發生。

學業和科名

如果您在學校想作弊的話，不但被抓到的機會很高，而且極可能還會伴隨接踵而來的懲罰和名聲的羞辱，所以千萬不要有非分的想法，否則後果與風險很大。至於文書、企劃、創作，也沒有一個過關的，因此喪失了良好的商機。

人際

因為您的獨斷獨行，不能接納建言，所以有眾叛親離與激起眾怒的傾向，您像腸病毒一樣，令人又怕又恨，避之唯恐不及。

愛的小叮嚀

這個運勢對您而言，實在是個噩夢，如果可以的話，接觸宗教，尤其是佛教，絕對能給您很好的幫助，它能讓您心情沉澱下來，懂得謙卑、感恩，同時，對佛菩薩應多接觸，所以不妨多多修身養性，其他諸事則不宜，應該保守。

天機

★ ★ ★ ★ ★

格局

哇，您有無比美好的智慧和運勢，簡直要以李安勇奪奧斯卡金像獎最佳導演獎才足堪形容您的大吉大利，您的聰明才智，讓您無往不利，超越顛峰！

事業

因為您的才華與過人的分析判斷力，乃至直覺，都讓您成就事業上的高峰，此時您的情緒雖然高亢但也極為穩定，並且散發高度的創意與新意，而令人激賞不已，乃至獲得發展的不二良機。

財富

來自您優越的腦力，諸如因為發明、專利、企劃、出版、創作⋯⋯等，都會為您帶來豐沛的財富，所以您應該多多思考與創新，您在這方面絕對有無與倫比的神來之筆與驚人的靈感。另外，正當的投資也會為您帶來財富，所以可以進行投資理財來獲利。

愛情

顯得活力十足，因為您聰明伶俐的魅力，以及活潑的熱情，因而非常有異性緣，成為萬人迷，如果還沒有伴侶，您會遇到許多約會的機會，對象會為您傾倒。如果您已經有伴侶了，與伴侶之間的

關係會顯得快樂「新奇」許多，不過您不要將愛情的心「一心多用」
喔！

學業與科名

當然是最有力的事項，您的考運或文書表現所向無敵，好像文
昌帝君特別庇祐您，因而可以獲得獎狀、獎勵、肯定與高度讚美。
您的文書、企劃案、創作此時也必然可以輕騎過關，得到想要的完
美結果。

人際

因為您的聰明和熱情，人際關係非常完美，人人把您當成「心
靈導師」一樣的崇拜，對您賦予高度的信任和託付。

愛的小叮嚀

您不但充滿活力，而且靈感滾滾而來，有如天外飛仙，所以應該利
用腦力與靈感突破現狀大展身手，我們的智多星、孔明第二。您除
了是智慧型的典範外，事實上在戰鬥力也很豐沛，更能以智取而不
以力勝，談笑用兵，好帥喔！

天機

格局

您的智力、精神、潛能有不錯的顯現，這是一個好時機，許多需要依賴創新、腦力激盪與高度腦力的事務，都可以趁這個時候完成。

事業

您的才華、分析力、判斷力、直覺都不錯，同時靈感也良好，此外，您的精神狀態可以在不喝蠻牛的情況下保持清醒。所以這時您的事業可望因為智慧的開通而有突破，所以應該好好把握。

財富

來源有二，而且都有八成以上的獲利性。一是因為發明、專利、企劃、出版、創作……等受到肯定與採用而獲得不錯的報酬，二是因為深思熟慮、靈活調度的理財規劃而帶來的獲利，聰明活潑的您，必然不會放棄這樣的大好機會。

愛情

運勢也算良好，因為您的聰明伶俐與活潑熱情，所以會受到異性的青睞，如果您還沒有伴侶，會因而吸引異性的目光，在感情路上，可以有很好的發展。如果您已經有伴侶，伴侶也會因為您的善

解人意與巧心而臣服，不過也會因為您的異性緣而吃醋。

學業和科名

您很適合求學，是不用老師擔心的學生，在文、理、工、藝上的表現都不錯，幾乎都不曾拿過乙等。文書、企劃案、創作的優勢不錯，可望因而獲得肯定與讚美，也有入選的實力。

人際

因為您的聰明和熱情，所以人際關係不錯，人人把您當成「心海羅盤」YA教授一樣的看待，對您賦予信任和託付。

愛的小叮嚀

您有知性魅力，但內心有點因為充滿創意與活力，而引發對感情與向心力的不穩定性，雖然它並不嚴重，也不會妨礙到您的運勢，不過聰明的您當然會了解，感情如果不穩定，當然會在各方面造成傷害，所以您還是要小心控制心性的穩定才好。

天機

★ ★ ★ ☆ ☆

格局

您的運勢平平，決定您是否能開出運勢紅盤的關鍵，在於您是否能充分運用智慧的力量、活潑的個性，但又能保持穩定的情緒與實踐的力量。

事業

創新、創意是您致勝的關鍵，相對的，不能沉著與貫徹是您的致命傷，如果能掌握「Knowledge is power」，您勢必就有更高的成功機會，如果淪落到心浮氣躁、光說不練或投機取巧，那失敗就無可避免了。

財富

運勢並非一帆風順，常常有財來財去的現象，投機事業與投資事業都不能讓您大量增加財富，甚至有潛在的風險，至於運用智慧產生財富的事業，暫時也不會有那麼高的成效，所以這時應該採取理智的理財策略才好，並應該注意財務的周轉率是否過高。

愛情

運勢略顯孤獨與不穩定，因為您對愛情並不主張專一。如果您已經有伴侶，切忌疑神疑鬼或一心數用，也不要因為細故與伴侶吵

架。如果您還沒有伴侶，不要一山看過一山高，否則會有停滯的現象。不過雖說如此，您還是有點濫情。

學業與科名

表現還可以，您在讀書或文書、創作方面，雖然有天分，但沒有太積極的心態，而且思慮不能集中，所以靈感之火並未點燃，好像在等待春風的來臨，所以只能得到中間偏上一點的成績。

人際

原本活潑的您有趨於情緒不穩的傾向，以致招來一點微辭，雖然不嚴重，但還是應該盡量保持安定和誠信。

愛的小叮嚀

表面熱情內心孤寂、看似開朗實則情緒不穩定、似有才華卻無處發揮，您處在這個進退兩難的尷尬情境中，唯有向光明、積極的一端靠攏，才能讓您的才華顯現出來。此外，您應該特別注意言出必行，不能做到則不要輕易答應，這樣會更獲得別人的信任。

天機

★ ★ ☆ ☆ ☆

格局

　　您的運勢坦白說有點不好，情緒不穩定使靈感混亂、心神不集中，因而使智慧無從發揮，加上做事的貫徹力也欠佳，所以對整體表現的給分而言欠缺理想。

事業

　　因為上述種種狀況，使事業進度呈現停頓，績效也呈現後退的窘況，您對工作堅持度不足，想多做少，常萌生轉換念頭，您可以尋求專家與親友的意見，再仔細思考問題，凡事不宜貿然做出決定。

財富

　　因為思緒不夠穩定，您在財富規劃上，有走向投機的傾向，不過，您必須小心，這樣做絕對不能讓您獲得意外的財富，相反的，您可能因而蒙受極大的損失。縱然不亂投資，您還是必須注意做不當的理財，譬如借錢給他人、幫人簽支票、幫人付錢……等，使錢財遭受損失。

愛情

　　您處於分手的危機，因為您強烈感受到孤獨與不安，所以對感

情的處理會流於輕率，或出現玩弄感情的傾向，您必須好好冷靜下來，才能處理感情。如果您現在沒有伴侶，那麼，不容易出現真正的感情，反而可能會出現輕浮的感情遊戲，這會給您帶來麻煩。

學業與科名

呈現不好的徵兆，您如果不好好讀書被當掉的機會高於常人，這時您油然而升一股作弊的念頭，那失風被捕的機會也高於常人。當然在文書作業與企劃、創作上，您被「打槍」的機會很高，甚至因而蒙受羞辱或損失，所以請小心處理。

人際

由於您有神經質、愛鑽牛角尖，恐怕得罪一些人，到時候也必須您一一去化解了。

愛的小叮嚀

您必須保持頭腦的清晰、情緒的穩定，否則就會失去理智和耐性，因而將事情搞砸，如果您沒有把握做好EQ管理，那麼您應該採取保守策略，保持低調，並接受更多人的意見。

天機

★ ☆ ☆ ☆ ☆

格局

喔喔，您的運勢算是很糟唷，原因在於您的EQ失控，連帶地，您的IQ也無法發揮出來。

事業

您的思緒非常混亂，情緒極端不穩定，凡事失去耐性，偏偏這個時候，您又想要用投機的方式去處理事情，但屋漏偏逢連夜雨，福無雙至，禍不單行，被落井下石的機會極高，所以您不應該採取任何動作，如有任何困難，最好由親信代為緩頰、遲延，凡事一動不如一靜。

財富

您是卡奴自救會會長吧！財務有很嚴重的破敗跡象，主要原因在於您不善理財，而且心性不定，因而讓錢財平白無故的溜走，甚至積欠大筆的債務。此時，如果您向地下錢莊或高利貸借錢，產生的後果必然十分嚴重，您不該再接觸投機遊戲、賭博，更不應該濫開支票或為人作保。

愛情

因為心性的極端不穩定，您的愛情也面臨考驗，此時您有對人

始亂終棄的傾向，當然也有被人拋棄的可能，問題都出在不能以穩定的情緒來面對問題，甚至以為玩弄感情是一件稀鬆平常的事。如果您還沒有伴侶，您不會認真去經營一段感情，所以可能成為一位負心的人，或被負心的人。

學業與科名

真的壞透了，課業面臨被當，考試作弊也會失風。在文書作業與企劃、創作上，會因為疏漏而產生極大的損失，並使名聲蒙羞，您可以得到最佳爛草莓獎，當然，從來沒有人去領獎，因為這真是丟人現眼的事。

人際

您已經得罪不少人了，您好像與眾人為敵一樣的腹背受敵，受到眾人的排擠，因而呈現極度的孤獨。

愛的小叮嚀

您適合透過道教、密宗等神秘性的宗教來獲得慰藉和庇佑，不過您因為心智混亂，加上運勢低迷，所以不宜接觸旁門左道，以免被騙，或反而變成利用宗教詐財斂色的神棍，只有接受正信宗教的加持，才能對您有所幫助。

太陽

★ ★ ★ ★ ★

格局

Great！您的運勢只能用「偉大」兩個字來形容，五顆星真是當之無愧！因為您的博愛、魄力與正義感，獲得眾人的支持，因而得到龐大的權力，真是和史懷哲博士在非洲行醫濟世獲得諾貝爾和平獎有一樣的奉獻情操，並令人感動得熱淚盈眶。

事業

可創造輝煌的成就與事蹟，同時您也充滿了英雄的魅力，擄獲眾人的心，不過如果您是一位女性的話，雖然會有「巾幗英雄」的氣概，但千萬別因而讓人覺得您是一位不懂溫柔的男人婆喔！

財富

表現亮麗，收入非常豐厚，不過這個收入不是來自投機或意外收入，而是因為工作成就而來的，在獲得財富的同時，您也獲得地位、權力和好的聲望，正所謂「財貴雙全」。

愛情

比較持平，會有高貴的異性出現，不過因為彼此之間比較《一ㄥ（矜持），所以會造成交往的些許阻礙，因此您要發揮熱情本質，不要因為眾人的事或個性較陽剛，而忘了兒女私情，以免耽誤愛情

的溫潤。如果您是一位女性，當然必須注意不要忘了女性特有的溫柔，以柔克剛，這樣才能掌握對方的感情。

學業與科名

真是帥呆了，有奪魁的實力與聲望，成功實在非您莫屬，同時您也會因而獲得獎狀、獎勵和高度的肯定，您的實踐力極強，所以任何企劃、創作都可付諸執行，並獲得圓滿的成果和商機。

人際

因為您充滿犧牲、奉獻的精神，所以獲得無上的評價與推崇，眾人都願意拱持您，您會成為領導中心，好像佛光山的星雲法師。

愛的小叮嚀

您的運勢旺！旺！旺！但別因為太投入工作而忽略感情方面的事，或忽略別人的感受，所以別忘了還是應該溫柔一點喔！
另外，您也有高度奉獻的情懷，所以您會將利益分享給眾兄弟姊妹，而這種博愛的精神，也是成功的因素，不過相對的，私人利益就會降低一點了。

太陽

★ ★ ★ ★ ☆

格局

您凡事都有把握，所以可以規劃如何實踐心中的願望，您成功的關鍵在於有魄力和正義感，同時極具博愛的精神，因而獲得眾人的支持，也因此獲得權力，所以您應該善用這個特質，發揮您的群眾魅力，以便好好大展鴻圖。

事業

具有創造的潛力，並且可以因而獲得地位，事業也會有利的突破。如果您是一位女性，千萬不要太強悍，以免別人在後面說您是男人婆喔！

財富

來源在於工作成就所獲得的報酬，這個報酬還算不錯，不過，您不可因此採取投機的做法，因為這樣不但會使您破財，也會讓您失去原本的優勢，所以您務必在本業上好好經營生財。

愛情

您可望遇到一位高貴的異性，不過因為您太過於重視眾人的事務，同時也太穩重了，所以容易忽略這段感情，甚至因為心中有一些小小的驕傲，而產生感情路的阻礙。如果您是女性的話，這種情

況會更嚴重，所以應該更溫柔一點喔！

學業與科名

如果沒有意外，您應該可以進入前20%，而且您的企劃案、創作也受到賞識和肯定，獲得採用的機會相當高。

人際

因為您樂意分享，所以也會成為眾人請益和歡迎的對象，因而獲得好的風評，因此人際關係良好。

愛的小叮嚀

因為運勢不錯，而且受到眾人的支持，而您也樂意博愛地幫助眾人，因而有好的發揮和突破，但也會因此疏忽周遭的親人，使他們和您自己覺得孤單，關於這點，您要特別防範喔！

太陽

★ ★ ★ ☆ ☆

格局

您的運勢普通,由於您的熱心流於些許雞婆、領導讓人覺得有點強勢、努力有點無事奔忙,所以在努力工作之餘,會有些孤獨感由然而生,不過還好,這些現象都不嚴重,反正「有人講好,就一定有人說壞」。

事業

雖然您努力的經營,可是沒有太大的進展,不過還好的是,也沒有落後太多,雖然有些懊惱,不過一切也都還OK啦。如果您是女性的話,千萬不要太強勢,以免落人口舌。

財富

運勢也是平平,不會有太多額外的收入,不過還好的是,也沒有意外的財務損失,在這種情況之下,當然您也不能去從事投資或投機的工作,也不會有意外之財,只要保持平常心,一切都會安然的。

愛情

表現差強人意,由於您有些毛躁的脾氣讓對方覺得您有點「龜毛」,因而妨礙了感情的進展,所以會有疏離的情況,因此內心的孤

獨感有點重喔！如果您已經有伴侶了，千萬不要因為約束對方而產生口角。不過以上情況都不嚴重，只要您稍微注意一下，都可以處理。

學業與科名

表現比中等好一點，您的讀書或企劃案、創作，得到的成績和評價尚可，關鍵在您並沒有精確的掌握到重點和核心，不過還好的是，如果能重新思考一下，做一下修正和精確的掌握，就能有出色的表現了。

人際

會因為您喜歡碎碎念和指揮別人而讓人覺得有點煩，不過您的熱心人家還是會看在眼裡，總而言之，就是不要太雞婆了，凡事「嘟嘟好就好」，適得其分，過猶不及。

愛的小叮嚀

如果要避免無事奔忙或熱心反被嫌為雞婆，最好的方法便是不要像王大嬸一樣熱情過頭了，反而變得有點像無頭蒼蠅一樣摸不著頭緒，您必須先看清楚事務的本質，想清楚做事的方法，這樣一切就安啦！

太陽

★ ★ ☆ ☆ ☆

格局

老實說，您的運勢偏低一點，讓人感覺無事奔忙，像無頭蒼蠅一樣嗡嗡忙了半天，卻有點反效果，不過這也是肇因於您習慣虎頭蛇尾的關係。

事業

運勢也不太好，進度落後，並且出了紕漏，還背了一身黑鍋。如果您一意孤行的話，可能會陷入自己虛幻的美夢裡，結果泡沫破滅，自己也蒙受重大的傷害。

財富

運勢也不理想，如果您有投資或投機，會蒙受不小的損失，另外，在本業上，因為進度落後或出紕漏，所以還會有破財的情況。不過如果之前您有捐獻習慣的話，現在反而是得到庇祐的時候了。

愛情

有明顯的吵架徵兆，因為您太囉唆、太強勢，喜歡指使別人，所以對方也受不了了，吵架後您的情緒會陷入低潮和嚴重的孤寂感。如果您沒有伴侶，很難有適合的對象出現，還有點因為不解風情而被嫌棄的跡象，所以您應該學習「溫柔」。

學業與科名

您的企劃、創作因為不能開闊心襟，所以並沒有預期中的好成績，甚至成績的低落會超乎您的預估，所以您會遭遇很大的挫折，需要用更開朗的心態來面對更多事情。

人際

您喜歡對別人發號施令，所以有點讓人討厭，而您也因為被澆了冷水而意興闌珊，因而出現人際關係的疲憊與緊張狀態。

愛的小叮嚀

這是低潮的格局，不過也是從事社會公益或宗教活動的格局，所以您可以從事這些有意義的活動，一方面避免危機風險擴大，一方面也可以體驗一下人生的滋味，當然，您必須要有正面、開朗的心態和人生觀，這樣天地就會亮起來了。

太陽

★☆☆☆☆

格局

喔喔，您的運勢是下下籤呢！您對厄運沒有什麼抵抗力，所以受到侵擾的危害很大，您幫忙朋友卻反而被將了一軍，黑鍋還由您來背，如果您信奉宗教的話，應該好好從事一些禮拜和修行，這樣有助您度過人生難關。

事業

業務疏失引發的錯誤會使您備受煎熬，甚至職務受到威脅，您必須花很多時間處理善後，還備受責難，並且極可能會牽扯到法律問題。

財富

充滿險惡的風險，您會因為處理財務失當而遭受損失，這個損失可能超乎您的承擔能力，此時的您，千萬不能再聽信地下錢莊或高利貸的話，否則金額的缺口會如滾雪球般的擴大，而導致不可收拾。

愛情

呈現分手的徵兆，兩人可能會轟轟烈烈地大吵一架，然後不歡而散，接著您陷入極端的痛苦和遺憾之中，所以您應該冷靜，不應

該在爭執的時候做出傷害伴侶感情的事。如果您沒有伴侶,很不容易遇到對象,否則小心感情受到傷害或仙人跳。

學業與科名

十分不好,您可能被當,如果您想用作弊來過關,那被抓的機會實在很高,而且還會被記過,貼在公佈欄供大家評頭論足。您的企劃、創作也會被退回,甚至因而遭受損失或眾人的責難,甚至還挨告。

人際

您會被朋友背叛,幫朋友背黑鍋,簡直是被恩將仇報,您太信任朋友,不值得,但如果您覺得這樣是「我不入地獄,誰入地獄」的話,會比較舒坦。

愛的小叮嚀

您的厄運可能涉及法律問題,所以請務必小心處理,而感情的爭執也不容小覷,否則會引發婚姻危機。能夠解這個危厄的是宗教信仰,您可以到佛寺裡去尋求庇護與慰藉,並修身養性,好使自己能夠冷靜的度過人生劫難。

武 曲

★ ★ ★ ★ ★

格局

喔，Yes，叫您財神爺！您的運勢好比連中五星一樣，令人欽羨！您展現了創業的魄力與經營的智慧，所以在事業上不但締造了高峰，而且也財源滾滾達三江，真有一位大企業家的架勢，有權、有錢、有名、有勢。您的擇善固執此時終於驗證了您的真知灼見。

事業

能夠別出心裁領先群倫，而且是以營利事業為主，但這同時，您也展現高度的誠信，不過，您還是要付出努力才能有所得，並非躺著幹就可以了，您可能沒這個命。

財富

再也沒有什麼時候比此時更容易堆積財富了，您的經營重點應該擺在致富，因為運勢是隨財富流轉，財到了，權位與名望自然而至。您的財富不是靠死薪水而來，而是經由與商業有關的途徑而來，所以可以注意交易、仲介、買賣、理財……等的商業資訊，並善加運用。雖然財運不錯，不過您有一點「摳門」就是了。

愛情

您春風得意，所以在愛情上，也會因為自由戀愛而遇到一位高

貴的情人，不過因為您將心力大多放在事業上，而且有點ㄍㄧㄥ，所以應該多花一點心思在這段感情上，如果您是女性，這部分您更必須格外留意。如果您已經有伴侶了，雖然您會提供對方優渥的物質和生活條件，但也容易忽略他的情緒，所以還是要溫柔些喔！

學業與科名

相當旺盛的，您可以因為學業或文書、企劃、創作成績優良而獲得獎學金、獎勵或實質的鼓勵，真是「名利雙收」，不過此時的您，並不是走文謅謅的文藝路線，而是陽剛豪邁的路線，充滿陽光和奔放，能夠突破制式窠臼，自創一格。

人際

當然是和氣生財囉，人人都叫您財神爺，而您也不吝惜跟大家分享，所以成為領導中心。

愛的小叮嚀

這麼難得的好運勢，您確實需要好好把握機會將事業與學業往最高峰挺進，不過也千萬不要因此忽略您的伴侶和親人，另外，「誠信至上」是金言玉語和最高行為指導原則，您會因為誠信，源源不絕地獲得商機。

武曲

★ ★ ★ ★ ☆

格局

您的戰鬥指數達八十分以上，所以您的魄力和經營能力都會有所發揮，此時您應該外出，因為外出會讓您獲得不錯的境遇，剛開始雖然有點波折，但這是一定要的過程，這樣反而會讓您的後勢更好。

事業

先有阻礙，然後會有所發展，而且是以商業的機制為主，安靜或內勤的事物，無法發揮運勢，因此您應該更High一點。

財富

財運不錯，不過財富的來源並非固定的那份薪水，或每月的獎金，而是透過與商業機制有關的事務獲得，譬如交易、推銷、理財、買賣得當……等等，雖然如此，您還是要付出辛勞才能有所收穫。

愛情

您可望邂逅一位高貴的情人，不過您有點高傲，而且不能掌握情調，甚至有點大男人或大女人主義，所以機會也是有溜失的可能喔！如果您已經有了伴侶，千萬不要忽略他的存在，多給點溫柔，

這是一定要的啦！

學業與科名

讀書運中上，不過在企劃和創作上，您掌握陽剛豪邁的特質，並且走突破路線，不因循傳統，有自己的風格，所以反而受到別人的接受。

人際

因為您不吝嗇和別人分享好處，所以別人也會跟您坦誠交往，在團體中，有不錯的領導地位，也扮演執行和財務主管的角色。

愛的小叮嚀

您喜歡「鬧中生財」，所以「鬧」和「財」是兩個重要因素，因此，您必須往人多的地方尋找機會，並且以求財為主，財既來之，權與名自然隨之而到。不過，這時您溫柔的心有點喪失了，記得千萬要將愛找回來。

武曲

★ ★ ★ ☆ ☆

格局

您的運勢是中等的三顆星，不好不壞，但呈現的性格較搖擺不定，有時您擇善固執，有時頑固不冥；有時具有經營能力，有時「向錢看」的氣質稍重了點；有時喜歡熱鬧，但心中又有孤獨感。不過這種現象都還好，人生本來就是這樣嘛，誰不都是有點雙重性格？只是您稍微嚴重了一點點。

事業

你一直想要突破，但沒有明顯的進度，當然也沒有退步，您的脾氣可能倔強、毛躁了些，如果您能懂得圓滑，對事業會有很大的幫助。

財富

有一些額外的收穫，但並沒有太多，雖然您適合做投資，不過因為運勢並非超強，所以這個投資應該採取較保守的策略。另外，您摳得讓人有點不悅。

愛情

應該不會來得太浪漫，認識新異性的機會平平，但因為您有點不解風情與強勢，所以結交的機會不大。如果您已經有伴侶，會因

不懂得羅曼蒂克而遭致對方的不滿，情況雖然不嚴重，但您主控愛情的方式，已經偏離愛情的真諦。

學業與科名

平平，學業上，您無法專一心思在書本上，所以成績So So，而且會遺漏很多細節，顯得粗心大意。在文書、企劃、創作上，您原本好像要被接納了，可是機會卻又宕延了點時機。但在實務與操作上，您的表現比一般人完美、純熟。

人際

好壞評價參半，有人說您正直，有人說您剛硬，不過還好都不太嚴重，最重要的是，保持優勢——經營能力的那一面，會讓您更受重視。

愛的小叮嚀

您的運勢喜憂參雜，不過都不太嚴重，如果您能發揮經營、開創的特質，並改善不易溝通、不夠圓滑的缺點，相對的，您成功的勝算就會提升很多。另外，記住，對伴侶、親人要溫柔，記得，要幸福喔！

武曲

★ ★ ☆ ☆ ☆

格局

您的運勢不太好喔，因為太過固執、企圖心過於強烈、缺乏有效的溝通，所以使任務進度嚴重宕延，而且因為愛面子，所以您選擇虛華的表象，但泡沫終究有破滅的一天，所以就傷害到自己和別人。

事業

您必須轉攻為守，雖然此時您的企圖心還是存在，但運勢低迷時，採取保守是較恰當的，所謂「留得青山在，不怕沒材燒」。

財富

雖然好像有商務時機等待您去發財，但絕對不合適去從事，而且您以前的財務規劃，現在也出現漏洞和資金缺口，等待您去彌補，此時您必須尋求正常管道來紓困，如果您再找上地下錢莊或高利貸情況必然更為惡化。

愛情

因為您的脾氣不易控制，不想受到束敷，並且想擁有主導權，所以會與情侶發生強烈的爭執，因此獨處或分房的機會頗高，也因此有強烈的孤寂感。如果您還沒有情侶，遇到好對象的機會低，否

則也容易以翻臉收場。

學業與科名

得到的成績不會理想，如果您想作弊，那穿幫的機會很高，而且會因此蒙受羞辱。至於文書作業方面，您的企劃、創作會被「打槍」，說不定還會有財務的損失。

人際

朋友之間會有間隙發生，起因在於合作或口語上的衝突，並因為互不相讓，因而演變成兄弟鬩牆的局面。

愛的小叮嚀

陽剛運用得當，便是豪傑，運用不當，便是草莽，您的運勢就是在陽剛的氣質與作為上失去拿捏分寸，因此才會出現衝突的緊張。所以，您更應該保持低調，唯有現在退一步，日後才能再進一步，英雄並不爭於一時，而是爭千秋。

武曲

★ ☆ ☆ ☆ ☆

格局

Sorry，運勢真是不好，因為強烈的固執與企圖心，演變成剛愎自用、故步自封，乃至與人決裂、衝突的局面。

事業

造成極大的損失，而且與您的合作Partner或廠商也有衝突發生，這樣的衝突甚至已經到了決裂的地步！但請注意，不要忽略這個衝突，它造成的衝擊與破壞絕對超乎您的想像！

財富

存在很大的危機，除了因為事業不順引起嚴重的財務危機外，還有破產的可能，如果您上風月場所、賭博，也都保證會賠得精光！如果您再向地下錢莊紓困，那就只有走向被暴力追討的絕路了。總之，財運是您的死穴。

愛情

會有爆發強烈衝突然後不歡而散的跡象，而且在分手後，感情衝突還會持續擴大，甚至變成暴力事件，它會讓您痛不欲生。如果您沒有伴侶，不容易遇到好的異性。

學業與科名

令人擔憂，您極有可能被當，作弊八成被抓，文書作業與企劃、創作捅摟子，不但因此被斥責，作品還被丟在地上踐踏、吐口水，然後貼在公佈欄供大家「觀摩」，遭受眾人的恥笑，此外，還會遭受經濟上的損失。

人際

粉不理想，朋友此時如果恩將仇報、背叛離棄、落井下石，都不讓人意外，甚至您應該防止暴力衝突的後果。

愛的小叮嚀

這個運勢有破敗與暴力的傾向，乃至呈現血光的徵兆，所以您必須要格外的自制！捐血、祭拜恩主公，有助於您度過這個難關，不過更重要的是，因為您的情緒暴躁不易控制，所以才會發生衝突，因此根本之道還是在於，您務必十分低調，以減少衝突與碰到意外的機會。

「英雄能忍人所不能忍，而非莽勇者」，這點請務必時時謹記在心。

天同

★ ★ ★ ★ ★

格局

超酷的！運勢簡直像是咬著金湯匙出身的王孫貴族一樣！由於有貴人相助或一切水到渠成，所以到達顛峰的路途雖然有點小波折，但一切都能迎刃而解，而且還可以享受浪漫和高格調的生活，真是令人羨慕！

事業

雖然您不是屬於闊盪格局，但在原有的規模下，卻可以將它推向極致，您喜歡變化，變化也會帶來好運，個性外表柔和，但能以柔克剛，軟化頑強的敵人。切記，一點小挫折只是用來激發您的潛能，讓您更能創造傲人的成績，所以千萬別忘了自己優雅的身段喔！

財富

不會付出太多的勞力就能收穫很多，您有足夠的智慧去開發新財源，也可以朝與美容、藝術、浪漫有關的事務，或是服裝、休閒、觀光有關的行業去經營，這樣不但契合您的氣質，收穫也會令人意外的豐富。

愛情

恭喜您,再也沒有什麼比您的愛情更像日本偶像劇了,浪漫、有情調、溫柔而多情,您會遇到一位白馬王子或白雪公主般讓人心儀的異性。如果您已經有了伴侶,也會更加恩愛、纏綿,好像韓劇一樣。但您好像有點多情。

學業與科名

非常有利,您一定可以名列前茅,戴上桂冠,享受眾人給您的祝福和榮耀。在文書作業和企劃上,因為您的作品充滿藝術和美感,所以深受愛戴,因而大受歡迎,以致贏得無上的尊榮,也獲得豐富的報酬,如果您是作家或藝術家,會得獎、發表,得到獎座。

人際

雖然您不是領導眾人的類型,但卻是最最最受歡迎和喜愛的「Super Star」,大家都出自內心的想親近您,而您也會像知己一樣的分享自己的心情和智慧。

愛的小叮嚀

您的運勢是難得能在事業和感情方面能兼顧的上上格局,雖然一開始有點小波折,但問題馬上會過去,然後您就可以充分享受這個美好的時光。您會流露出藝術家的氣質和創作本能,您應該好好利用這些特質,體驗一下人生的另一個境界。

天同

★★★★☆

格局

這個運勢還算不錯唷，雖然剛開始時會有一點波折，但不會妨礙您整體的運勢，相反的，這絕對有助於激發您更大的潛能。

事業

您優雅的氣質、高貴的談吐，絕對有助於您在現有的格局上去突破窠臼，而且您應該掌握親愛、甜蜜，甚至柔中帶韌的特質去發揮，這樣反而能吸引更多人的喜愛。

財富

運勢也是不錯的說，您不需用存死錢或用勞力的方式去獲得金錢，您一定可以想到聰明的方法來增加財富，不會讓自己太累，剛開始時難免需要付出一點，但最終的結果令您滿意。

愛情

有點像偶像劇的類型，有一段浪漫、多情的愛情可望發生，對方是您夢中情人的典型，不過您偶爾會因為孩子氣或脫離現實，讓他有點生氣，不過這樣的浪漫也還算OK啦！如果您已經有了伴侶，會重拾初戀的甜蜜，不要浪費了這個羅曼蒂克喲！對了，愛一個人要專心喔！

學業與科名

成績不錯，學業上，文科，尤其作文、畫畫，或藝術科目強過理工科。在文書作業和企劃、創作上，會因為您的溫馨、清新與柔美質感而受到青睞，除了被採納還會獲得報酬，如果您是文藝創作者，發表的機率高。

人際

您散發明星般的風采，獲得眾人的歡喜，您也喜歡這樣，所以您也都能以溫柔的表現回饋他們。

愛的小叮嚀

能兼顧愛情與事業，不過一開始時會有些trouble，但這些都可以克服，只是，您會在不經意時，流露出一點耍賴和孩子氣，這當然無傷大雅，也讓人覺得有點可愛，不過千萬不要因而養成依賴性，以免給別人帶來負擔。

天同

格局

運勢還好嚕，剛開始時有些波折，但後來就變好了，而且這些波折的程度也都還好，所以還算OK。

事業

您不會想要做大的變動，如果可以，您會在原有格局上稍做變更，但幅度不會太大，您會想把事業弄得有格調一點、美麗一點，這樣的轉變也還不錯。

財富

雖然沒有太大的意外收穫，但您心裡會想著是不是要將存款做一些適度的運用，不要老是死守著一筆錢，原則上這個念頭是對的，不過因為財運平平，所以操作不會讓您獲得太多額外的金錢。您很有可能將錢拿去置裝或購買額外的奢侈品，這樣錢財就不翼而飛了，但您得到了快樂。

愛情

是屬於浪漫型的，不過因為您的依賴性和孩子氣，讓對方有點又愛又氣，所以雖然在呵護您之餘，難免還是會有些許抱怨。如果您還沒有伴侶，可望遇上一位溫柔的異性，剛開始有些溝通不良，

不過可以慢慢的漸入佳境。

學業與科名

　　成績中間偏上一點，在理科方面您表現平平，但在藝術科目上您表現較好，如果肯多花點心思，或細膩一點，您的成績應該有很大的進步空間。至於文書作業和企劃、創作，雖然暫時不會有太傑出的表現，但會被列為考慮的對象，所以還是有希望的。

人際

　　您的好脾氣會為您帶來平和的友誼，不過有些「白目」的人，會欺負善良的人，這些人您也不用理會，您不須為他們而改變什麼，他們有天自會得到懲罰，所以您也不用詛咒他們會下地獄。

愛的小叮嚀

這運勢屬於開始比較弱，後面比較旺的格局，但一切也都還好，弱也不會太弱，旺也不會太旺。要注意的是，您的獨立性不夠，所以不能好好發揮，如果要改變這個缺點，不是變得強悍，而是要更懂得與人交往，獲得更多的支持，這樣運勢就會變得順暢許多。

天同

★ ★ ☆ ☆ ☆

格局

運勢算不太好喔，事情在剛開始的時候會呈現棘手的狀態，到了後期雖然出現轉圜的餘地，但終究還是辛勞難免，而且也受到不小的衝擊，事情的不確定性和反覆不定的程度也高。

事業

不會有新的創舉，至於舊有的規模，因為運勢不順遂，也難有突破。而且您的依賴性和稚氣會對您的事業發展產生阻礙。

財富

您可能因為理財、投資、投機不當而遭受損失，因為您不耐煩成為一個守財奴，所以會有處分積蓄的動作，但因為運勢不濟，未蒙其利，先受其害，當然受到朋友慫恿和物慾誘惑也是一個重要原因。

愛情

您有難言的苦衷，雖然您不會用激烈或暴力的手段處理感情問題，但內心的掙扎和煎熬卻是難以忍受，建議您不妨暫時給兩個人比較大的空間，去透透自由空氣再來處理問題，會比較恰當。

學業與科名

因為情緒無法穩定，成績中間偏下，尤其數理方面的作業真是讓您吃足苦頭，至於藝術科目也因為意識散漫，做出來的成績差強人意，還被嘮叨了兩句。文書作業和企劃案、創作因為沒有做出預期的水準，而被退回重做的機會高，所以情緒有些頹廢。

人際

因為您不善於打理生活細節，也掌握不到事情重心，所以讓朋友覺得您有些累贅。

愛的小叮嚀

運勢雖然有重創的力道，但所謂「天無絕人之路」，因為是福星拱照，所以有化險為夷的機會。但您應該摒除那些幼稚的氣息與懶惰的個性，將浪漫的想法轉化為追求美麗的動力，這樣您就能轉換到更寬廣的跑道。

天同

★☆☆☆☆

說明：天同不畏化忌，也不畏煞星，甚至喜歡忌煞的衝擊激發潛能，且本身為福星能逢凶化吉，所以沒有下下格，轉見天同★★。

廉貞

★ ★ ★ ★ ★

格局

炫！猶如破繭而出的蝴蝶，飛舞在自己的一片天地裡！運勢充滿開創性，同時也充滿驚豔，讓您體驗前所未有的新奇，並且成就無上的事業，同時您的亮麗也為自己獲得無上尊貴的敬仰！

事業

您的感覺敏銳、手段新穎，更勇於突破傳統，所以能夠出奇致勝，讓對手也不得不表佩服和讚嘆，所以您應該掌握的便是「求新」、「求變」以及美的境界。

財富

運勢也異常亨通，不過，您的財富並非憑空得來，而是透過「競爭」而來，相同的，您可透過「創意事業」來謀取財富，它不是指專利、智慧財產權、文藝創作之類的東西，而是指諸如裝潢（美工）設計、沙龍、彩繪……等之類的創意，因為您的事業或店面能注入如此高度的創意，所以能吸引眾人的喜好。

愛情

頗為春風得意，並且勇於享受情愛與肉體的愛，所以盡極人間魚水之歡。如果您還沒有伴侶，會有時髦、前衛的愛情出現，如果

您有伴侶，兩人也能充分相愛和享受對方。

學業與科名

理科、文科都非常優異，可以得到 A⁺ 的成績，尤其是藝術和綜合科目方面，您的表現更異常突出，簡直可獲頒金像獎最佳美術獎或技術獎，美輪美奐。至於文書作業和企劃、創作因為表現大膽的創意而備受青睞，乃至為您帶來莫大實質的好處。

人際

有明星的光芒和架勢，不過您寧願讓別人以崇拜的神秘感來揣測自己，而較不願彼此坦誠相見。

愛的小叮嚀

運勢果然旺到極點，不過您會因而有點樂不思蜀，乃至忘了現實的情況，而且您的氣勢過盛，旁人會因而感受到壓力，因此，您必須稍微注意一下別人的感受，以免衝過頭，High過頭，而變成曠世駭俗。

廉貞

★ ★ ★ ★ ☆

格局

運勢不錯喲，頗有雨過天晴，終於可以展翅高飛的意味。您的創意和挑戰傳統的美感，獲得別人的肯定，而且您對事務的反應靈敏，分析及見解與眾不同，因此也獲得別人的重視。

事業

您會突破原地踏步的狀況，展現身手，而且是以創意為主。這時您可以做一些有規劃的突破，成功的機會不錯。

財富

雖然不是財運豐沛，但也還算OK，您可以因為賣出創意而獲得意外的酬勞，諸如幫人從事藝術設計或節目主持等，這個財富不是憑空得到的，也不是投機得到的，不過您會在置裝或裝潢方面花費不少，以利增取更多的機會，所以還是值得的。

愛情

您的興趣在享受靈肉合一的愉悅，而事實上，結果也令您滿意，雖然您的性慾稍強，但卻不至於亂來。如果您還沒有伴侶，要獲得異性的青睞不是難事，但您看對象還是會挑的。

學業與科名

還不錯囉，不過因為您的心還在外面飛翔沒完全回來，不然應該可以更好，理科、美術、勞作等科目成績啵兒棒，社會科就比較差一點，因為您不太喜歡單調的科目。文書作業和企劃、創作被賞識的機會不錯。整體而言，社會上的科名會比學校的科名來得好。

人際

您的美感、神秘感和特殊格調會引起別人的側目，您喜歡別人注意您，不過您並不能真正和他們打成一片，您只喜歡和自己個性相投的人在一起，算是很有個性。

愛的小叮嚀

運勢雖然不錯，可是暗藏成而後敗的危機，因為您過於有自己的風格和個性，因而有點與眾人無法「麻吉」，生活在自己的思維裡，而且容易被物質引誘。其實，性格也要獲得大眾支持，才能變為大明星，不是嗎？

廉貞

格局

　　您的運勢大致是在原地踏步，並沒有明顯的進展，也沒有明顯的落後，一方面種種限制的因素並未消除，一方面您內心也正在積極尋找突破的方法和管道，所以呈現些許焦慮的情況。

事業

　　我們鼓勵您繼續發揮創意和尋找突破的可能，但內心的焦慮應該設法將它降到最低，否則就會出現「自亂陣腳」的效應出來，而讓自己更無頭緒。

財富

　　沒有明顯的進帳和額外收入，您應該採取保守的理財策略，杜絕臨時起意的投資和擴張計畫，否則可能會因為錯估情勢而讓資金白白遭受損失，除此之外，因為意外產生的風波，也可能讓您蒙受損失。

愛情

　　較重情慾，心靈溝通次之，同時您應該更重視內在美，而不只是外在美。如果您還沒有伴侶，那您傾向追求帥哥或美女，對中等美女或中等帥哥會比較少看他們一眼，所以這不一定是一段永恆的

感情。

學業與科名

理工、藝術科目維持水準，文科較差，您不喜歡考試，所以考試也不喜歡您。文書、企劃和創作雖然有些個人特色，但並沒有引起矚目，被當成一般的文件般堆在桌上，如果您想突破這樣的窘困，就應該思考如何運用別出心裁的技巧和高超的美感來撼動人的心靈。

人際

您雖然算是亮眼的，但因為您並未積極與人交往，周遭的人也未特別注意到風格獨特的您，所以，您比較像一個獨行俠吧！

愛的小叮嚀

您的處境算是尷尬的，您囿於現實的因素無法走出來，但內心其實是渴望有所突破的，在這樣的矛盾中，您會因此產生一些心理上的衝擊、情緒上的不穩定，與人際關係上的封閉、肉體感官的發洩。其實，您更應該好好沈住氣把握創造力與創意，為下波運勢來臨時做好準備才對。

廉貞

★ ★ ☆ ☆ ☆

格局

您的運勢算是不好，而且有犯小人的傾向，如果事情未能妥善處理，說不定還有訴諸法律的可能。因為整個運勢都傾向低迷糾葛，而現實的交迫又很緊急，所以您內心的煎熬可想而知。

事業

您必須小心處理與人的糾紛與爭執，否則會因情緒失控使事情變得更複雜，如果訴諸法律，您不會比較有利。

財富

破財的徵兆相當明顯，如果花錢能夠消災，您最好花錢了事，如果花錢還不能消災，最好尋找有力的人士出面協調，否則事態會有擴大的跡象。但此時，如果您企圖透過黑社會或地下錢莊來解決問題，無疑的，後果只會更加雪上加霜。

愛情

沈溺在肉慾裡，可能有外遇，因而失去了真愛，不僅如此，雙方還有爆發衝突的可能，所以您必須沈住氣，不要發飆，否則在情緒失控之下，您可能使用暴力，而讓事情更加惡化。如果您還沒有伴侶，應該提防有人用色誘來算計您，同時，您也要小心用情不專

惹出來的風波。

學業與科名

實在也是不好，面臨被當的危機，所以您企圖透過作弊來闖關，但被「捉包」的機會高達八成，因而被記過、處分的機會也相當高。在文書作業和企劃案、創作方面，您也會因為沒有交出好的作品而備受責難，甚至有點版權糾紛或經濟糾紛。

人際

別人可能對您敬而遠之，也頗有微辭，而您也認為被小人中傷了，但您必須知道自己的缺點何在，而非讓情況繼續惡化。

愛的小叮嚀

對於可能繼續惡化的情況，最好的處理方法便是應該明智的做出停損動作，而非一直觀望、失控，因而讓損失持續擴大，這個格局的情況就是如此。在這個難過的節骨眼，我們必須建議您，應該壯士斷腕，並透過理智的方式處理危機，如果您無法在此時做出明確的決定，就應該交由專業人士來代為處理，以便讓損失降到最低，並避免官司纏身。

廉貞

★ ☆ ☆ ☆ ☆

格局

我們必須誠實的告訴您，俗話中說的「犯五鬼」、「犯官司」，就是這個格局。或許您覺得生命中有許多難過的關卡，讓您一直有被禁錮的苦痛，所以您必須更清楚它的原因以及如何來處理它。

事業

您因為判斷錯誤，或遭受別人的陷害，因此有官司上身的可能，所以您必須反省，之前是否因為猜忌、孤僻、獨斷而做出錯誤的決策？或者「人講不聽，鬼牽一直去」，因為甜言蜜語的迷惑，反而不聽信忠言？

財富

呈現破敗與官非的嚴重跡象，您可能因為一時失察而挪用公款，可能因為財務處理的重大疏失而損失不貲，可能因為朋友的背信而遭受牽累，也可能因色惹禍……，總之，最後這些惡果都會落在您身上。

愛情

因為強烈衝突而分手的跡象明顯，您也會因為情緒失控而使用暴力，使善後更難以處理，或者您有意始亂終棄，終於招致對方的

報復，因而受到傷害。另一方面，被仙人跳，或招惹非分情愛而惹禍上身的可能性也相當高。總之，感情上您必須十分小心，否者會慘遭不測。

學業與科名

簡直是狼狽不堪，學校成績被當、作弊被抓、之後又被記過公告，成為風雲人物，不過是黑名單上的，如果您仍執迷不悟，對老師惡言相向或動粗，還可能被退學、法辦。在文書、企劃、創作上，您可能被指控嚴重疏失、抄襲、作假……，乃至必須循法律途徑處理。

人際

無疑的，您已經成為一隻臭鼬，人人對您又怕又恨，見到您之前早就逃之夭夭了。

愛的小叮嚀

如果您之前的行為得宜，這些關卡可能只是反應您的運勢真是衰到極點而已，但如果您之前曾經埋過什麼不好的種子，那這個關卡就可能變成「劫數」。對於無可避免會發生的危機，我們的建議是「誠實是最好的政策」，再多的辯護與掩飾都無法消彌曾經做過的錯事，所以凡事低調、真心懺悔、尋求救贖是您此時該做的。

天府

★ ★ ★ ★ ★

格局

So Nice，這個運勢，用「財經首相」來稱呼您最恰當不過了，首相好！您不但展現了驚人的經營能力，在創造財富上更是無人能敵，不只如此，也相當有口福，真是錦衣玉食，好不享受！

事業

您會在原有的經營模式上大展宏圖，並且歡喜收割，事業邁向成熟、豐收與顛峰，而且也很能享受事業的甜美成果，而非勞碌命，會做不會享受的人，恭喜您了，宇宙超級無敵天皇大老爺！

財富

您不但在事業上會獲得豐富的金額，而且這個額度之高，會讓府庫滿盈，接著您會把財富全部鎖進財庫裡孳息，以利滾利，一毛錢都不會浪費，整個財庫就像聚寶盆一樣，越來越多。除此之外，偏財運也不錯喲，真是算錢算到手抽筋！

愛情

春風得意，您講究的是有格調的愛情，會遇見一位知書達禮、有大家風範的異性，難能可貴的是，您們彼此在心靈與情慾上的發展都能平衡。如果您是有伴侶的人，您們的感情會加溫，猶如在富

庶城堡裡過著豪華生活的王子與公主。

學業與科名

您會戴上桂冠，接受眾人對您的崇拜與敬仰，因為您的學業表現實在太過突出了，以致獨佔鼇頭，盡領風騷。至於文書、企劃、創作方面，您也會因為掌握、彙集了各家的精華，並且淋漓盡致的發揮，而獲得無上的光榮！

人際

像您這麼優秀的人才，當然是充滿魅力的領導人，而且您會以親和的態度擄獲每個人的心。

愛的小叮嚀

運勢實在太太太好了，能夠獲得無上的收穫，而且身體、精神上也不會太勞累，還有享受的運勢，簡直令人羨慕！不過所謂「業精於勤，荒於嬉」，因為過著幸福、快樂的日子，所以導致有些散漫和奢華，因此應該注意一下，不然會變成動口不動手喔！

天府

★ ★ ★ ★ ☆

格局

您在經營和理財方面表現不錯，雖然不是開疆闢土的格局，但原有的規模在您的經營下，會有新的氣象和表現。

事業

您會運用巧思，將原本的業務、店面、生意，打點的更為亮麗，因而吸引別人的青睞，也因而獲得經營的利潤，而且也會有吃到美食的機會。

財富

您正財、偏財都不錯，正財是來自您正業穩定的營收，偏財來自額外的橫財及得當的投資，雖然適合投資，但仍以正派為準，旁門左道的投機方式或賭博，不保證您能獲得利益。

愛情

您喜歡在詩歌、嬉戲、美酒、佳餚間建築愛情，所以這個愛情是屬於活潑的、動態的，非常喜樂、愉悅。如果您還沒有伴侶，會在應酬社交的場面遇到交往的異性，對方態度大方，是不錯的對象。

學業與科名

表現也不錯，您不必死K、猛K，成績自然有一定的水準，當然如果您願意付出努力，成績自然更會名列前茅。在文書、企劃和創作上，您的作品因為四平八穩、缺點極少，並且呈現出富麗堂皇的氣質，因而受到肯定。

人際

您這麼優秀，當然是名列幹部階層，並對別人有正面的影響力，獲得大家的重視。

愛的小叮嚀

這是屬於守成並且收成的運勢，所以積極的突破作為不會超出原有基調太多，不過雖然如此，您還是會努力的經營並不會因而怠惰。事實上，如果您能更有變化地嘗試突破，成就一定會更好。

天府

格局

您的運勢可以在保守中平安的度過，雖然不會有太大的突破，但也不會下滑，至於轉換跑道或另起爐灶因而獲利的可能性不高，只是維持平盤。

事業

您會採取守成的經營方式，比較著重管理的改善，當然也會耍些新奇的小花招或打扮一下門面，但不至於做太引人側目的重大改變，所以進步的空間和成效也不是特別明顯，但能維持原有的水準。

財富

入帳和往常沒有什麼太大的差別，不過您有可能得到一筆為數不多的獎勵，也可能中個額外的小獎，不過安慰性質會大於實質性質，但如果您因而再去花大筆資金投注六合彩或賭博、投機，結果可能就不樂觀了。

愛情

比較慵懶，如果您已經有伴侶了，會想保持現狀就好，不過偶爾還是會去尋找一點樂趣，或是在外人面前，裝出幸福與快樂的樣

子。如果您還沒有伴侶，主動性偏差一點，但如果有人追您，您會比較樂於坐享其成，不過您還是想要掌控愛情的主導權。

學業與科名

中間囉，其實如果您願意多花一點時間在課業上，成績一定會更好，不過您有些注意表面華麗，不注意內涵實在，而且有些賣弄小聰明，因而突破有限。文書、企劃和創作也是一樣，雖然表面看似完整，但沒有將實力完全發揮出來，而且有一點投機取巧、賣弄虛華的傾向。

人際

您的親和力和經營力只表現出中等的成績，所以雖然還維持友誼，但受到廣大擁戴的程度，比您自己預估的低些。

愛的小叮嚀

雖然運勢普通，但一切也都還好，並沒有什麼大波折，所以還是要感恩啦！您處在保守的狀態，這樣的好處是能避免遭受無謂的損失，缺點是會錯失一些良機。所以建議您，最好能在不花費太大成本的情況下，去做一些關鍵性的改變，譬如流程的變更、門面的重整、人員的再訓練……等等，這樣會有除舊佈新的新氣象喔！

天府

★ ★ ☆ ☆ ☆

格局

看來，您會遇到一些波折，不過應該都還在可以解決的範圍。您可能沒有注意實質的內涵，只注意表面的華麗，或者希望績效趕緊產生，用了不適當的方法，所以產生不好的後果。

事業

外表看似正常，內則結構與運作已經開始產生鬆動，您應該更重視組織運作的正確性，而不能只看外表的華麗與排場，那是不切實際的，當然更不應該粉飾太平，或企圖用不正當的手段處理問題。

財富

表現不理想，但您卻處心積慮想增加財富的收入，因而讓人覺得您有些飢不擇食，或不擇手段，這樣當然會種下不好的因果，因此，您必須更謹慎的去處理財務的問題，最重要的是，不要貪心，否則貪多必成詐。

愛情

有反省的必要，在缺乏真愛的情況之下，您會轉而採取一些滿足情慾的行為，或者說，您只想滿足情慾，所以便缺乏了真愛。總

之，這是惡性循環，不是有格調的愛情喔！如果您已經有了伴侶，不要忽略他的感受，他不只是洩慾的工具而已。

學業與科名

學業欠缺亮麗的表現，所以您極可能會轉移用作弊的方式來處理問題，因而顯得欺騙造假，有點斯文敗類。在文書、企劃和創作上，您也是希望能以投機取巧，或走後門、關說的方式來過關，但因「司馬昭之心，路人皆知」，因而備受批評。

人際

因為您不夠坦白，說了謊，造假被揭穿，所以人家對您有些不滿，但敢怒不敢言。

愛的小叮嚀

您會因為績效滑落，因而為了追求績效而作假或採用不正當的手段，雖然事情可大可小，但對您的名聲已經造成嚴重的傷害，而且對日後的正常經營也只有百害而無一利，所以您應該立即停止這種不正當的行為。

天府

★☆☆☆☆

格局

您如果不能妥善處理績效不彰與人格瑕疵的問題,可能會搞得您聲名狼籍,還成為過街老鼠,人人喊打!

事業

您極可能因為貪污、舞弊東窗事發,也極可能因為行賄、收買等醜聞被揭穿,而陷入空前的責難,當然,如果您沒做過這些事情的話,那就僅只於您因為績效不彰,而受到極大責難與失去職務或賠償的問題。

財富

危機在於,因為您的財務操作不當,所以極可能因而挪用公款、做假帳或以其他手段來掩飾,但因為紙包不住火,所以真相還是爆發出來了。整個事件目前還在揭露階段,後續結果必須端視您的處理態度而定。

愛情

悻悻然,您可能背負上「負心人」、「斯文敗類」、「偷香客」等罪名,可見在感情處理上,如果不能謹慎的話,極有可能會身敗名裂。您如果還沒有伴侶的話應該專一,否則會被羅織入罪,成為

眾人撻伐的對象。

學業與科名

因為功課表現不理想，因而會想要作弊，但作弊後被揭發的可能性又極大，並因而成為眾所皆知的「黑明星」。至於文書、企劃、作品的成績也很慘，還可能被指控是抄襲、侵權、票房毒藥，總之，一片黑雲正籠罩在您頭上。

人際

因為您的行為招致眾怒，所以最好先不要出門，否則會被狗仔隊偷拍，進而又捕風捉影的修理一番。

愛的小叮嚀

多麼衰啊！但其中大部分的因果，都是您自作孽的。您太過攻於機巧、心術，不能著重正確的實踐方法，卻沈溺於門面的浮華和不實，您的才能沒有用到正途，從原先的+10分變成-10分，完全是負效果的展現。

太陰

★ ★ ★ ★ ★

格局

My God！好神啊！您像個高貴的紳士或高雅的貴婦一樣，擄獲每個人的心，心想事成地完成每件事，簡直就像是王子或公主的故事一樣，連我也是您的粉絲呢！

事業

您像十五夜的光明月亮，飽滿、閃亮、熠熠放出能量，您不是用威權的方式領導，而是以理想、風度、犒賞等溫柔但卻積極的方式去影響別人，並進而讓事業達到顛峰。

財富

運勢真是美極了，您會獲得豐厚的額外收入，而且額度之高絕對超乎您的想像，不過這些錢不是坐在家裡憑空掉下來的喔，而是您去外面結交朋友、尋找機會中獲得的，所以您要到處遊歷。

愛情

真是粉浪漫喔，您的愛情格調不凡，彼此之間透過文學、藝術來傾訴內心的仰慕，享受高度的心靈情愛，當然也會有纏綿的愛情故事，真是羨煞所有人了！如果您還未婚，會遇上難忘的情人，他美麗斯文，清秀有禮，實在是才子佳人。

學業與科名

要叫您第一名！您會因為優異的學業表現而獲得桂冠，您高貴的氣質更因而迷倒眾生，連校長都在欣賞您、暗戀您。至於文書、企劃和創作，同樣的也因為滿溢的美感、無法克制的幸福意境，而讓人愛不釋手，因而獲得採用，並得到豐富的獎賞，真是名利雙收。

人際

您像黛安納王妃一樣受到非凡的歡迎，而您又將慈愛和關懷分享給他們，因而成為最溫馨的一面。

愛的小叮嚀

由於您實在太神奇了，所以會出現很多仰慕者，因而在生活上造成一些困擾，不過您也滿Enjoy在這樣被追求的情境中，但切記，您一定要維持這樣高貴的身段，千萬不要因此樂昏了頭，而降低了格調，或因而變得虛假喔！

太陰

★★★★☆

格局

　　不錯的說，您會用柔軟的身段來完成很多事情，讓任務往前超越，最主要的是，您必須善用「以柔克剛」的特質，諸如鼓勵、分享、愛、關懷、給予……等力量來影響他人，因而在和諧、關愛中完成任務。

事業

　　您雖然沒有雄霸天下的霸氣，卻能以講究團隊和諧的方式完成任務，而且還保持優雅的名聲和氣質。

財富

　　運勢不錯，您會因為外出遊歷、朋友介紹而獲得賺錢的機會和靈感，而且這個機會也與「美麗」、「浪漫」的事情有關，而非機器、製造等粗糙的東西，總之，您盡量向外探詢，機會就會來了。

愛情

　　很浪漫呢！夢中的白雪公主或白馬王子這時會翩然出現，好好談一場戀愛，這是一定要的啦！如果您已經有伴侶了，您們會更加濃情蜜意，好像每天都在過巧克力情人節。不過您的異性緣，讓伴侶有些擔心。

學業與科名

良好，課業上的表現可以輕鬆過關，而且您風雅的神韻更是迷倒許多同學。在文書、企劃和創作上，您會因為作品充滿美感和幸福感而被採用，當然也會獲得不錯的報酬和榮譽。

人際

您以氣質取勝，會有許多人因為喜歡您，而希望跟您認識，當然舊友的感情也會更加濃厚，在同儕中，您像月亮一樣明亮耀眼。

愛的小叮嚀

被當成明星的感覺實在不錯呢！不過因為受到歡迎的緣故，您的內心其實已經產生微妙的變化，諸如心神有點不寧、有點神經質，或太在意別人的眼光等，這些反而會讓自己失去原有的樂趣，所以，做自己最快樂，不要為別人而活喔！

太陰

★ ★ ★ ☆ ☆

格局

運勢算是普通，不會有太大的超前，但也不會落後太多，原則上心情是想有所驛動的，但沒有足夠的機會，積極度也不夠，所以情緒介於富想像力和多愁善感之間。

事業

喜歡往外面發展，而運氣也確實是在外面，不過成果普通，但現在的努力都會累積到日後來收穫，所以您也不用感到懊惱。

財富

雖然沒有大額進帳，但算是還OK的，會比平時多一點小財運，不過您可能因為希望置裝、購買化妝品、美化環境、休閒遊樂，結果把錢又花出去了，不過這樣也好，至少心情快樂多了。

愛情

浪漫愛情增加了些許淡淡憂愁，有點林黛玉的氣質，不過不嚴重，還是可能遇見追求您的人，不過進展可能不如預期中的美好。如果您已經有伴侶了，可能需要人家對您更多的溫柔與體貼，否則您會覺得無趣。

學業與科名

中間偏上一點，最主要是因為有一點憂愁在作怪，使您胡思亂想，無法專心，所以表現還好而已。至於文書、企劃和創作，因為不能把細膩的感情表達得淋漓盡致，所以也只獲得中間偏上一點的評價。

人際

沒什麼大問題，不過您會有一點孩子氣般的依賴他人，而且也會在心裡懷疑別人對您的誠意。

愛的小叮嚀

沒有特別的問題，問題出在於您情緒上的轉折，因為思緒比較混亂，就像女人比較容易敏感一樣。原則上，您的外在表現正常，不過內心有點脆弱、感傷、疑慮，甚至膽怯、不安，所以您不要太在意這些負面的情緒波動，一切自然就會好轉。

太陰

★ ★ ☆ ☆ ☆

格局

運勢需要注意一點喔，因為運勢不盡理想，再加上情緒的波動，使您顯得有些軟弱並且招架不住。

事業

您雖然忙碌，但是有些沒有頭緒，所以也沒有進展，甚至進度落後，這引起您的焦慮，進而又更顯得不知所措，所以您需要尋找一位理性並且可靠的人協助您一起處理一些問題。

財富

出現破財的徵兆，這肇因於您無法精確掌握財務的管理，所以胡亂的支出一些開銷，或者因不恰當的採購而導致損失，當然朋友借貸的呆帳也可能發生。總之，您必須理智一點的對待金錢的支出，不然就會變成卡奴。

愛情

因為思想比較消極，而且有點多愁善感，所以不能掌握真正的情愛，反而會讓一些甜言蜜語趁虛而入，這是您要特別預防的。如果您還沒有伴侶，暫時恐難出現真愛，對於另有所圖的追求者，您切勿因為他的虛華而上當。

學業與科名

學業有落後的傾向，您不能專心讀書，甚至感到厭煩，整顆心都不知飛到哪裡去了，幻想的也都不太切合實際，所以囉，成績就退步了。至於文書、企劃和創作，也因為情緒錯綜複雜，未能表現出應有的脈絡與美感，所以被退回來了。

人際

因為您情緒反覆、不快樂，所以別人也只好離您遠一點嚕！

愛的小叮嚀

因為無法理性的處理問題，加上負面的情緒敏感，您原本偏低的運勢有更加不順的可能。但事情其實可以不用搞到這麼糟糕。首先，您不要在任何節骨眼上做任何決策與金錢支出，然後，您可以尋求一位可靠、理性的人來幫您先擋掉一些難題，或者委託他來處理，這樣會比較恰當。

太陰

★ ☆ ☆ ☆ ☆

格局

對您來說，還算蠻不幸運的，所以您應該特別提防！一方面事業有盪到谷底的危機，一方面您有點歇斯底里的情緒，還會把事情弄得更糟。

事業

您努力的成果，可能被人侵佔、剽竊，而化為烏有，或者，之前因為情緒太過不穩定的盲目投資，現在終於到了被追討與索償的時候了，同時，您也極可能因而罹患憂鬱症或焦慮症。

財富

破財，您會東西南北的奔波，尋找可以紓困的人，不過可能無法如您所願，甚至，還會被提出不合理的要求與威脅，因而危及整個事業的根基。當然，病急亂投醫，如果您向地下錢莊求助，這只會使問題更火上加油。

愛情

因為您的情緒無法控制、太過負面的敏感與無理取鬧，您的伴侶終於忍受不住而離去，另一方面，您也可能是因為尋求煙花或小狼狗的慰藉，而發生桃色糾紛，事態擴大，因而使愛情出現無法彌

補的傷害。如果您還沒有伴侶，不要嘗試或玩弄愛情遊戲，不然會吃不完，兜著走。

學業與科名

真是一塌糊塗，您沒有將聰明才智用在讀書與課業上，而用在不正當的地方，因此不但成績一團糟，還因此惹上別的是非，被叫去訓誡是免不了的事。在文書、企劃和創作上，除非初一月圓，否則您的作品不可能被採用，因為您把蕭薔畫成如花，將志玲姊姊搞成鳥來媽，還會因此被人海噱一頓。

人際

您上流美的「鞋猴」風格，應該人人敬而遠之吧！

愛的小叮嚀

人生難免會遇上幾次痛徹心扉的挫敗，雖然有江山變色的意味，不過如果處置得宜，就不至於到訴諸法律或破產的地步，但如果情緒崩潰而使處置方法不當，就另當別論了，所以您的策略是應該凡事保守，如果出事了，要先冷靜的尋求親人協助，留得青山在，不怕沒材燒。

貪狼

★ ★ ★ ★ ★

格局

好幸福喲！過得有如皇宮般的享受生活，實在羨煞凡人！您不但才華洋溢、錢財不缺，還呼朋引伴尋求風雅，更能逢凶化吉，八面玲瓏，人生至此，實在「足爽」！

事業

因為高明的交際手腕，所以使事業超越顛峰，不但不會有任何波折，還受到眾人的前恭後倨，此時，雖然您不是真心將事業擺在第一位，但因為這樣長袖善舞的手腕，卻使事業順利無比。

財富

正財、偏財兩相宜，正財上，因為交際應酬所以獲得的商機會使您財如春雨，而偏財上，投機事業也有斬獲。由於您的財富是由交際而來，所以錢進來後也無法安然入袋，總是會再拿出來翻兩番，但因為運勢旺，似乎每每有連莊的奇運。

愛情

異性緣其佳無比，追求的是風流雅趣的愛情，所以您會遇見比較有文藝、技藝修養的異性，透過這樣的唱和，愛情迅速滋長，當然最後也不免發生情慾的關係。如果您是有伴侶的人，與伴侶的關

係會趨於活潑，而且雙方會不甘於一成不變的情愛，而嘗試新的「方式」，而且，您的心還是有點見色思遷喔！

學業與科名

雖然有利，但很難拔得頭籌，原因在於您只對藝術和技藝課程充滿興趣和靈感，還可以拿到 A+，但對一般科目較無興趣，所以只能說考運不錯。至於文書、企劃、創作可是您的超級強項，在這方面，一定會有非凡的表現，因而出國比賽、獲得金牌，都極可能實現。

人際

雖然您不是充滿領導慾的人，但因您熱心助人，有排除危難的能力，並且能分享利益給別人，所以您好像綜藝大哥大一樣，大家喜歡跟在您後面。

愛的小叮嚀

過得好似賽神仙般，不過因為過分交際應酬，難免會對家人的照顧有所疏忽，雖然您在物質上不會虧待他們，但別忘了，家人比朋友重要，所以您應該多多關心您的家人，把愛找回來，而且也不能長久疏於本業的經營，只想靠應酬來處理問題。

貪狼

★ ★ ★ ★ ☆

格局

透過交際應酬，您會獲得業務機會，當然也過得滿愜意的，家裡待得少，外面待得多，而且還有「免事牌」護身，能逢凶化吉，但小心玩過頭。

事業

您不甘於一成不變的規律生活和作業方式，也不喜歡被束縛，所以您會運用好奇心和領悟力，替自己開創一條新的道路，這條路還算成功，所以事業上有進展，不過這都需要靠朋友的幫忙。

財富

也是相當有利的，除了在正財上會因交際應酬獲得商機與利潤外，偏財運也不錯，在投機上會有賺頭。不過所謂「鬧財鬧中去」，所以所賺的錢財很快又會轉手到應酬與投機上去，成為另一次的投資，還好財運不錯，賺多賠少，整體而言還有盈餘。

愛情

雖然自詡風流不下流，但最後在經過一段調情後，還是難免會有所動作。您的異性緣佳，會遇見不錯的異性，雙方會很快陷入愛戀，不過是否能有善終，就另當別論。如果您已經有伴侶，雙方會

在更活潑的相處方式下，體驗不同的愛情生活，不過，您心裡其實很想劈腿。

學業與科名

雖然運勢算好，但拿到「優」的機會不高，因為您根本對讀書興致缺缺，反而對小說、幻想和算命比較感興趣，這方面可以拿到 A^+。至於文書、企劃、創作的創造力不錯，這方面的成績有入選的水準。

人際

不錯，因為您熱於助人，沒有階級觀念，還有點搞笑，所以大家都喜歡跟您在一起，因為這是快樂的事，而且能分享一些好處。

愛的小叮嚀

您表面春風滿面，滿臉桃花，洋溢青春氣息，雖然交際應酬會給您帶來商機，但其實應酬所獲得的利益往往也要付出很大的代價，而且沈溺在交際應酬的歡場中，其實並無法真正去履行實踐的大計，並會疏於照顧家庭的關係，您應該適而可止，這樣才是正確的做法。

貪狼

★ ★ ★ ☆ ☆

格局

原則上，雖然運勢普通，但您卻能在應酬中獲得快樂，也有大事化小的庇蔭，所以只要不要太囂張，一切都能安好。

事業

您因為喜愛交際，因而有忽略本業的跡象，同時也因此讓精神流於鬆懈，所以雖然能在交際中獲得商機，卻沒有將它做到最好，同時對家人也會疏於照料。

財富

財來財去，除了正財還有一點偏財，正財上的收入來源可能因為您的交際，所以一會兒又從另一隻手花出去了，所以守不住。至於偏財並沒有您想像中那麼豐厚，所以如果您大張旗鼓去簽六合彩、賭博、投機，可能適得其反。

愛情

您風流中帶點花心，喜歡活潑、多變的愛情形式，不甘於固定的、純純的愛，所以您比較容易受外界的誘惑。如果您還沒有伴侶，您不想獲得真正的愛情，而是希望遇到一段香艷、刺激的感情，所以良家婦女或新居家好男人會被您蹧蹋。

學業與科名

學校的課業您表現平平，還有點迷糊，課外活動您興趣較高，不過對於投入課外活動的績效您也不是很積極，反而喜歡跟人頑皮搗蛋獲得樂趣。至於文書、企劃、創作的創造力雖然不錯，但有點流裡流氣，同時也沒盡全力完成。

人際

所謂「男人不壞，女人不愛」（反之亦然），所以您玩世不恭的態度雖然有些人會覺得新奇有趣，但終究不是長久之計。

愛的小叮嚀

「業精於勤，荒於嬉」，用來形容您的行為最恰當不過啦！雖然在外頭遊盪也能尋獲機會，但終究不是長久之計，而且也無法將它貫徹執行，所以收斂一下不能安定的心神，這是一定要的啦！

貪狼

★ ★ ☆ ☆ ☆

格局

玩過頭了啦，實在有點荒唐。您太沉溺於嬉戲和應酬之中，所以事業呈現停滯，但您並無法收斂玩樂的心，情況因而更加惡化。

事業

您荒唐的行徑為事業帶來麻煩，雖然幾經波折事件終能化小，但這不代表您不會因而得到「浪子」或「漂浪之女」的名號，也不表示您能完全沒有經濟或地位的損失，這只表示您能度過劫難而已，不代表能全身而退，毫髮無傷。

財富

有破財的明顯徵兆，您不太想以走正途的方式獲得財富，所以可能會對公家資源產生覬覦之心，或對別人的賄賂怦然心動，在強大的人情壓力與交際壓力下，您極可能讓這些事成真，這樣您就吃不完，兜著走了！此外，遊樂支出，也會荒謬的超出您的能力，好像現金卡是不用還的一樣。

愛情

您不喜歡正式與固定的愛情，反而對野花與野草感到興趣，所以您必須注意在不正當的性行為中得到報應，也必須預防這樣的行

為導致家庭的動亂。如果您還沒有伴侶，有尋花問柳的跡象，雖然場所會比較高級一點，但這並不表示這樣的行為也是高級的，而感染的疾病也不會比較高級。

學業與科名

很糟喔，您可能被當，可能作弊被抓，也可能名字被貼在公佈欄，不過如果處置得當，應該不會被退學。您就是這樣吊兒郎噹，無關緊要，一副玩世不恭的樣子，現在知道苦了吼！至於文書、企劃、創作因為流氣太重，不被採納，還被取笑是性變態。

人際

您雖不是凶悍的流氓個性，卻絕對是個痞子樣，並且喜歡狐群狗黨群聚在一塊取樂，所以人家把您當成浪子或非常女，也是一定要的啦！

愛的小叮嚀

其實您蠻有天分的，不過被玩樂和物慾所蒙蔽，接觸神仙宗教、小說文藝會讓您的人生產生不同的領悟，您的悟性還不錯，所以您不妨試著以接觸宗教（道教、密宗）與神仙術來轉換桀驁不馴的心神，而這也能保佑您的平安。

貪狼

★ ☆ ☆ ☆ ☆

格局

恐怕您會過得很辛苦喔，而且內心也有如燜鍋一樣慢慢在煎熬，這肇因於您太過於天真，而且想法太過不切實際，又無法安靜下來，做事三心二意，所以在種種不利因素的情況下，自然呈現嚴重的破壞。

事業

捅出大摟子了！雖然可能出現能夠幫助您的人，但爛攤子還是必須自己收拾乾淨，並且應該懺悔自己不務正業，一心只想玩樂的心態，如果一直以玩樂的心態來做事業，一輩子都不會有成就的，而且只會拖累別人。

財富

很糟糕，可能因為別人的慫恿，或自己希望能透過投機多獲得財富，或自己希望求刺激、求新鮮因而投入大筆資金，所以在處理資金的過程中遭遇很大的損失，這時如果您又天真的聽信借錢廣告的話，那就火上加油了。另外，風花雪月方面的支出，也所費不貲。

愛情

感情糾紛呈現真槍實彈的戰爭局面，雖然爭鬥的場面最後還可

控制，但過程的煎熬和折磨，卻是叫人肝腸寸斷。同時，您也可能遇到不正當的感情，或與煙花界發生牽扯，如果您不能把持住，這個傷害恐怕非您能夠承受，另外也要小心性病的感染。

學業與科名

一塌糊塗，您的心完全不在這裡，因為貪玩或莫名其妙的頹廢，讓您的課業成績一落千丈。文書作業與企劃案、創作也像塗鴉一樣的應付了事，所以終於遭受嚴厲的處分。

人際

因為您老是散仙散仙、放浪形骸、心術不正、狐群狗黨，所以不受歡迎，被當成「俗辣」排擠，最後連親人都懶得去警局把您保出來，而警察也為了要收容您而感到憂心忡忡。

愛的小叮嚀

雖然很背，但幸運的是，您如果肯多用點心，事情總是會出現轉圜的餘地，這是這個格局死地求生的特質。不過最重要的關鍵在於，您是不是能因為挫折或衝擊而激發出正面的力量，改掉喜歡酒色財氣的惡習？還有，您應該多親近神明，這對您來說會有庇祐。

巨門

格局

好極了，您像個棋靈王，因為內斂以及深藏不露，所以開創了一個嶄新的格局，您的神秘感以及不為人知的謀略，是成功的關鍵，您就如蘇秦六國封相一樣，是少數能靠嘴巴與智慧獲得無上成就的人。

事業

雖然別人似乎非常無法猜透您的心思，但也正因為如此，您無法讓對手知道您下一步將要如何走，您因為謀略佈局得當，能說服別人，因而吃了一整個版圖，接著，您會著手下一個城池。

財富

運勢旺盛，是與人競爭，尤其是暗鬥而來的，所以這是因為巧智與細緻的安排而獲得的，但您雖然善於佈局暗鬥，也雄辯無礙，但不要與人正面衝突，這不是您的強項。另一方面，您可能因為幫他人遊說、仲介、關說、宣揚而獲得豐厚的利潤。

愛情

您氣質內斂，所以不會直接表達感情，但您卻能夠憑藉舌粲蓮花的口才，用另一種方式讓對方為您心儀、讚嘆不已，他們甚至有

點用崇拜的心態跟您交往。如果您還沒有伴侶，遇到對象的機會高，但不是乾柴烈火、一拍即合的類型。

學業與科名

非常有利，因為您將感情藏在心裡，所以能夠用功讀書，而且胸有成竹，城府縱橫，至於演講、朗誦、講課，因為能夠抒發您的深情與智慧，所以您表現的極為傑出，足堪獲頒諾貝爾演講比賽金牌獎。文書、企劃、創作上，會因為神秘與深沉的風格而得到青睞，您也能因為精采的簡報而獲得史上最佳IBM大獎（International Big Mouth）。

人際

因為您能提供獨特而卓越的觀點與建言，所以受到熱烈的歡迎，而且您口才很好，很能吸引大家的青睞，正所謂「闊嘴吃四方」。

愛的小叮嚀

內斂的個性是一種美德，也是您成功的一項重要因素，但也正因為如此，所以您在抉擇夥伴或部屬時，應該以活潑、大方、光明的人為首要考量，因為這樣，彼此之間才能有完美的互補，進而開發出更優異的成績。

巨門

★ ★ ★ ★ ☆

格局

運勢不錯，您深藏不露，以謀略取勝，但同時因為有些獨行，所以會有些許的不安。您雖然口才不錯，但並未真正與他人交心。總之，您城府有餘，豪邁不足。

事業

您的謀略可以突破舊有的限制，開發新的事物，未來也在您的規劃之中，不過因為缺乏一起奮鬥的夥伴，所以您雖然滿意自己的表現，但也會有缺乏同伴的焦慮。

財富

不錯，不過略帶紛擾，所以不是輕鬆入袋，您可能在過程中與人暗中較勁才獲得這筆財富，雖然這樣的財富得來彌足珍貴，但也可能在過程中得罪一些人。您也可能因為幫他人遊說、仲介、關說、上課而獲得不錯的利潤。

愛情

雖然您的口才讓對方欣賞，但因為您的感情讓對方覺得有些不夠熱烈，您應該多開口關心您的伴侶，並透露真正的情感，讓他感到窩心。同時，您有一些懷疑對方忠貞的傾向。如果還沒有伴侶，

雖然可望遇到對象，但您也要殷勤一點。

學業與科名

還不錯，因為您能夠用心讀書，所以學業成績還算好，尤其在演講、朗誦、上課方面會有優良表現，真是口若懸河。至於文書、企劃、創作，您走的是深沉、內斂的風格，而且簡報受到大家的認同，會獲得良好的分數。

人際

您不喜歡與大眾攪和，但因為您能一語道破事務的關鍵，而且侃侃而談時也令人耳目一新，所以還是受到眾人的尊重。

愛的小叮嚀

運勢雖然還算好，不過您內心因為深藏不露，缺乏與人的溝通與接觸，其實已經略帶不安，因為沒有人，或者您不願和人分享心事，所以內心的焦慮和猜忌已經悄然而生。所以您應該多去接觸人群，這樣對您來說，絕對會有正面的影響。

巨門

★ ★ ★ ☆ ☆

格局

運勢平平，但內在的心湖卻已逐漸在翻攪。看似深沉的您，其實對世界有不滿的一面，所以您也會對別人宣洩您的不滿，您不是那種會將不爽或顧忌放在心裡而不說出來的人。

事業

因為凡事總是要算計，所以您會覺得人世間充滿口舌是非與流長蜚短，所以您也會以口水戰反擊。您對事業抱持的態度並不積極，有些疑慮，因而進展不大，會在原地停留。

財富

在金錢方面的表現平平，但因為進財總是會伴隨一些令人不悅的紛擾，所以，您並不能享受進財的樂趣，反而與人爭論，因而，進財並不算豐富。

愛情

您對別人的指點非常在意，因而，您的愛情會因此而有停滯的現象，甚至因而引起對方不悅。如果您已經有伴侶了，那必須相信對方，不要動輒因為不切實際的捕風捉影而傷害彼此的感情。

學業與科名

因為您對凡事的反應有些神經質，而且耐力與毅力也不強，所以課業表現比平常還差一點。至於文書、企劃、創作也因為激發的靈感少，衍生的情緒多，所以作品水準也差一些。

人際

平平，但您內心的不滿多少會表現在臉上、言語上和行為上，所以人們已經嗅出不好的味道。

愛的小叮嚀

雖然運勢平平，但因為一些擾人的口舌讓您覺得很不快樂，相對也影響事業和感情，其實，您大可不必理會這些小人，因為小人並不會因為您的厭惡或反擊而消失，但卻會耗費您的精力，降低您的格調，並影響您的生活品質，甚至讓您也變成小人。所以，就快快樂樂的做自己吧！

巨門

★ ★ ☆ ☆ ☆

格局

人家常說的口舌是非不斷、犯小人，就是指這樣。世上原本無事，就是有這些恨不得天下大亂的「俗辣」攪局，才會搞出這麼多是非與爭戰。最後，您反擊了，於是一場分不清是非的大戰於焉展開，您也變成別人眼中的小人。

事業

因為人為的破壞或意外的災害，加上自己心智的混亂，結果就可想而知的糟了，而且此時，您滿心頹廢，連挽救的心思可能也沒有了。

財富

錢財不會給您帶來好運，相反的，會帶來許多紛擾，搞得您憂鬱症發作。此時有一些小人正在覬覦您的錢財，並像老鼠一樣地，要把錢財偷偷搬出去，而您卻有無法阻止的遺憾。

愛情

真是低潮極了，因為不信任，彼此的感情面臨瓦解，您遭受這樣的打擊，痛不欲生，甚至有輕生的念頭。如果您還沒有伴侶，不易有理想的感情，否則您必須注意對方動機，或因為爭執而引起無

法彌補的傷害。

學業與科名

面臨被當的危機，如果您作弊，後果的嚴重性絕對超乎您的想像，真會叫人慘痛欲絕！文書、企劃、創作也因為一團亂而遭受嚴厲的處分，因為情緒失控的時候，您絕對無法做出像樣的東西來。

人際

您不得不提防朋友，對陌生人更是不要輕易相信，因為陷害您的人，正是這些周遭的人。

愛的小叮嚀

這不是一個好格局，更讓人難過的是，您會看到人如其鬼的另一面，或許這個時候朋友或親友都不得您的信任，這也難怪，但是，人生在如此情緒失控的時候，確實不宜做出任何判斷和決策，所以建議您，可以找個專業人士來幫忙您，透過專業人士的幫忙，您應該可以獲得最恰當的協助。

巨門

★☆☆☆☆

格局

如果處理不當的話，所犯的小人之災，可能會衍生成了法律問題，而且在這個情緒極易失控的時候，您會升起輕生的念頭，但您絕對不能這麼做，凡事都會有一個結果，而且您也可以事先去預防它！

事業

因為事情陷入膠著，最後可能會透過訴訟來處理，而此時，您可能處於劣勢，或者可能因為意外的兵賊之災讓您的事業一夕生變。所以您最好事前凡事都採取保守、低調策略，不要輕易擴張、投資，這樣就能避免後來的苦果。

財富

損失也很嚴重，不管是被小人掏空、意外的災禍或其他的財產糾紛，都會讓您陷入空前的財務危機，您在此時因為已經手足無措，所以根本不知如何處理，這時切忌讓小人有機可趁，又被落井下石。

愛情

運勢呈現因為嚴重爭執而埋下長久怨恨的跡象，您的口無遮欄

與狠毒言詞，嚴重的踐踏對方的心靈與自尊，這個傷害更甚於身體的傷害，假如這個傷害造成了，就可能很難挽回，所以您寧願當「卒啦」，也不要多開口講話。

學業與科名

一蹋糊塗，您可能因為作弊而遭受最嚴厲的記過與處分，這在人生上是一個嚴重的污點。文書、企劃、創作可能有智慧財產的糾紛，或因為嚴重疏漏而引起恐慌，所以您必須格外小心，如果可以，寧願放棄也不要做違法的事。

人際

您看每個人都是鬼，但可能連鬼都怕您，您孤立無援地站在戰場上，四周都是炮火。

愛的小叮嚀

這確實是人生的生死關之一，但您必須知道，不管事情如何演變，最後都會有一個結局，不管結局如何，您都必須親自參與，絕不能有輕生的念頭。當然更重的是，很多事情，如果一開始不做，後續就不會有問題，謹記，一開始腳步就不要踏錯了！所以您應該找個專業的律師來幫忙您，透過專業人士的幫忙，您應該可以獲得最恰當與最值得信任的協助。

天相

★ ★ ★ ★ ★

格局

恭喜老爺，賀喜夫人！運勢一級棒呢！這是一個慈中帶剛的個性，能守能成，能屈能伸，凡事謀定而後動，雖然因而缺乏爆破力，但卻是穩健積極，雖然不是先鋒大將軍，卻是軍師的特質。

事業

您可以擁有大幅度的突破，不過，您並不一定要自我創業，或建立自我品牌，代理名牌、經紀他人商品、DOM、DEM，也都可以成為箇中翹楚，而且萬事莫如「信譽」急，如果建立起商譽，往後的萬世基礎也穩固了。

財富

啵兒棒的，而且還有錦衣玉食的好運氣喔！雖然您原本對錢財觀念比較保守，不過因為有新的商機出現，所以會刺激您去做一些投資或額外的理財，因為財運旺，所以新的投資可以有豐厚的斬獲。

愛情

會以對方的意見為重，對方也會給您很大的協助，真是伉儷情深，鶼鰈義重，雖然不是浪漫的羅曼蒂克，但老夫老妻的恩情反而

更能天長地久，足勘獲頒「夫妻楷模」終身成就獎匾額。如果您還沒有伴侶，愛情是以結婚為前提的交往，真是宜家宜室，天作之合。

學業與科名

頂呱呱，可以順利文華折桂，頭戴狀元帽，一方面您的心情沈著穩定，一方面卻又有突破的創意，兩者相成，文武皆宜。在文書、企劃、創作上也是一樣，您會以四平八穩的格局，加上引人側目的突破創意而獲得獎章，並且給您放煙火！

人際

您像德高望重的軍師一樣，被人尊敬，而您的建言，也經常左右團體的決定，就好像神機妙算劉伯溫一樣。

愛的小叮嚀

雖然缺少情愛的澎湃，但在事業、家庭、情感上都能兼顧，實在十分難得。其實，有時人生並不一定要追求武林至尊的寶座，因為為了追求這個位置，很多人大則妻離子散，小則無暇兼顧許多事情，如果能夠甘於老二哲學，因而換來天倫之樂與全家幸福，又何嘗不是收穫更多呢？

天相

格局

運勢不錯，個性保守中帶積極，是在謀略中完成攻擊的人，不會躁進，也不會冒大險，而運勢也有助於您發動攻擊。另外，您很像訓導主任，愛糾正、指揮別人，喜歡別人聽您的。

事業

您會在既有的格局裡再去做突破，或是透過與人合作而獲得商機，您並不一定要自創品牌，代工的利潤有時並不輸給創業，何況這樣的風險會更低。

財富

當然也不錯的，因為有新的商機，所以會刺激您做新的投入，也會因而獲得不錯的利潤。不過，這並不表示投機的生意或賭博可以成功，因為這個財富運勢還是偏向正當的管道。

愛情

雖然不是「新烘爐，新茶鼓」的燒滾滾，但您相當尊重另一半的意見，所以形成夫唱婦隨的景象，也算是「相敬如賓」了。如果您還沒有伴侶，雖然沒有春意盪漾的愛情，但會在其他人的介紹下，遇見一位在以結婚為前提的交往異性，他會是個不錯的男人或

女人。

學業與科名

可以安啦，您應該可以輕鬆獲得高分，當然，如果您願意再用功一些，那成績可以直逼前幾名。在文書、企劃、創作方面，您的作品成熟沒有太大的缺點，而且還能透露出創意，所以可以獲得支持而過關，並且給您拍拍手。

人際

雖然您不是典型領袖的人物，但也是受人尊重的謀臣，人人必須敬您三分。

愛的小叮嚀

運勢雖然看似守成，但實則蘊藏力道，也是這股突破力驅策事業與其他運勢上揚。此外，這個格局是相當重視「信譽」與「商譽」的，所以務必要誠信，所謂「金字招牌」，就是表示一定要很誠信才可以。

天相

★ ★ ★ ☆ ☆

格局

運勢平平，但老成凡事有打算，只待時機成熟，現在的企劃和謀略都可以展開，所以不會浪費您的努力，只是時間的問題。您雖然會裝出酷酷的樣子，事實上沒有太多浪子的基因。

事業

您可以去尋找實力比您堅強的對象合作，雖然這樣您好像居於老二，但實則有利往後的發展，所謂「識實務為俊傑」就是這個道理，而且老大折損率高，老二反而長年百歲。

財富

收入處於穩定狀態，不會突然多起來，所以錢財觀念保守，其實這樣是好的，因為「天下沒有白吃的午餐」，不會有不用花錢就可以獲得的物品，而且在運勢普通的時候，保守是保留實力的良方。

愛情

您會希望介入對方生活，雖然是善意，但引起對方的不悅，老夫老妻嘛，本來就應該各退一步，才能海闊天空，所以您們還算是歡喜冤家，因為不是冤家不聚首。如果您還沒有伴侶，會有因為透過介紹而認識異性的機會，對方是適合結婚的類型。

學業與科名

中間偏上，老成的您，老神在在，雖有企圖心但不夠猛爆，只會進三步，不敢進十步。至於文書、企劃和創作也因此表現出平穩的感覺，不過因為平穩，所以成績也平凡，其實您可以High一點，這樣成績一定可以大有進展。

人際

您雖然會有創意，但很少付出實行，所以也不會有驚人之舉，因而缺乏特殊之處。

愛的小叮嚀

成敗關鍵在於您能不能更Fun一點，因為一成不變只會讓進度穩定而已，卻不能有重大的突破，但在這個十倍數的時代，「維持不變，就是落伍」，您絕對有驚人的創意，只是囿於運勢並沒有特別旺盛，所以也流於守舊。Go ahead，you can do it！

天相

★ ★ ☆ ☆ ☆

格局

運勢偏低一點，在運勢特質上則是屬於受人影響因而表現出稍微叛逆的樣子，但又不會或不敢捅大摟子的個性，因此也不會惹出大問題，不過在信譽上會受損。

事業

因為沒有太多的主見，且容易受壞朋友的影響，因而績效不進反退，此時因為有人在旁做不好的示範和撐腰，所以一度會胡搞瞎搞，不過終究天性不是太壞，所以一下子就會退回來了。

財富

因為一時的迷惑，因而做出錯誤的支出或投資，如果學人家賭博或投機，損失慘重是可以預期的。這時您因為被慫恿，還會在財務上與人發生糾紛或進行訴訟，所以應該避免與狐朋狗黨一起為非作歹。

愛情

您對愛情有點冷感，並不是很能融入在情愛之中。如果您已經有伴侶了，為了家庭主導權，您們會發生對抗，因而使原本就沒有火花的感情更加雪上加霜。如果您還沒有伴侶，您與異性交往的目

的可能只是為了希望有個家庭或傳宗接代而已！

學業與科名

當然也不好，其實您作弊，只是為了證明自己也是帶種的，其實您的良知並不想這麼做，所以您作弊時會因為良心的譴責而行為遲鈍，因而更容易被抓。至於文書、企劃和創作，由於您的穩定性沒有表現出來，突破創意又很古怪，所以畫虎不成反類犬，因此成績非常不好。

人際

您被壞朋友影響很深，所以好人覺得您是壞痞子，壞人覺得您是一個好痞子，總而言之，就是個痞子。

愛的小叮嚀

台語說：「人講不聽，鬼牽一直行。」，就是這個狀況，原本您並不是想使壞，但因為受到壞朋友的影響，所以就扮起酷來，因而使得原本的正途、正業遭受影響，並可能使以往好不容易建立起來的形象、信譽，遭受損傷。所以您應該及早迷途知返，才能使問題早點出現轉圜。

天相

★☆☆☆☆

格局

運勢像「卒啦」一樣，遜爆了！不但被貼上小流氓的的標籤，還可能幫老大背黑鍋，成為代罪羔羊，其實您並沒那麼壞，只是因為跟那些壞朋友在一起，不想被當成孬種，所以一時迷失自己。

事業

因為誤入歧途，所以喪失原先的事業，還可能因此惹上麻煩，諸如法律問題或遭受脅迫。

財富

當然呈現極大的危機，原先固定的收入泡湯，還積欠下為數眾多的金錢，如果您因為感染惡習，諸如揮霍、賭博、簽帳……等，還會因此牽扯上一個個難解的問題，而且信用破產也使您日後的金錢調度能力喪失。

愛情

慘遭蹂躪，或許對方只是把您當成佣人或洩慾的工具，對方還可能是個比您年紀大很多的歐吉桑或歐巴桑，您這麼臣服他，可能只是為了金錢、權勢或安全。倘使您還沒有伴侶，遇到迅猛龍或怪叔叔的機會十分高，所以您千萬不要輕信對方的話而和他約會。

學業與科名

您應該重視信譽，但偏偏您卻做出丟盡信譽的事，您的成績一塌糊塗，如果作弊一定會被抓並公告周知，而且極有可能是，您作弊是為了別人，而非為了自己。至於文書、企劃和創作，一切乏善可陳，好像乾涸的死井長不出任何青苔，悶斃了、遜透了，令人無法忍受，救人喔！

人際

因為您被當成「肉砧」一樣使用，所以任人宰割，因此，每個人都認為您的犧牲是應該的，沒人會垂憐您或伸出愛的援手。

愛的小叮嚀

對一些不慎誤入歧途的人來說，他並不壞，只是受到影響，想讓自己變得英雄一點，這種人誤入歧途後，往往成為壞人的俎上肉和代罪羔羊，所以他們被制裁，經常不是他們的錯，或者因為無法抗拒指使而做了壞事，或者因為情境的激憤一時喪失理智，因而鑄下大錯。如果這種情況已經不幸發生了，那麼您應該即時尋求協助，懸崖勒馬，因為善良的您，未來還有很長的路要走。

天梁

★★★★★

格局

好神啊,您好像有神明保佑般,凡事都能逢凶化吉,在宗教、慈善、公眾事業上也特別有表現,並且充滿佛一樣的光芒和慈祥,阿彌陀佛,善哉!善哉!

事業

您的事業發展動機不是為了獲利,而是想著如何服務更多人,因為有這樣的慈悲奉獻精神,所以有了源源不絕的動力和支持,因而將事業推向高峰。

財富

您能獲得充分的資金援助,不過這些金錢不是要進入私人口袋的,而是為了做有利眾生的事,事實上,如果您將這筆錢用來提升員工福利,也必能提升團隊績效,將這筆錢用來做公益慈善,也必能產生廣告形象效益。

愛情

好像阿萬師「古早味」,雖然沒有年輕男女的春心盪漾,與相互追逐的樂趣,但歷久彌新的感情,卻正是這個時代所欠缺的,所以老夫老妻的貞節牌坊非您莫屬。如果您還沒有伴侶,您不會渴望

遇到噴火女郎或超炫酷哥，您要的愛情是一段平凡，但可細水長流的戀情，還是要恭喜您。

學業與科名

足堪獲頒史上最佳金鐸獎，僅次於孔老夫子，因為您不但成績極其優異，還會諄諄教誨別人，是人生難得的良師益友。在文書、企劃、創作方面，您展露了爐火純青的技巧，與天衣無縫的格局，雖然創新較少，但卻集大成於一身，因此不頒獎給您，都覺得會受到老天的譴責。

人際

您是皇帝的老師，也是聖嚴法師的化身，如此德高望重，受到的推崇與禮遇可想而知。

愛的小叮嚀

運勢極其旺盛，不過不是用來滿足私人慾望或企圖的，雖然如此，因為您充滿博愛與救世的精神，所以您在改善眾人問題的同時，自然也會累積自己的成就，不過，當然您心裡不用存在這樣的想法，天地的因果法則自然會回報給您。

天梁

★ ★ ★ ★ ☆

格局

您有服務精神，同時也會因為這樣，把自己推向成功之路，真是所謂「因為幫助別人而成功」，但如果您有私心，就不會這麼順，初期還會有些波折。

事業

天地有正氣，經常為自己打算的人，機關算盡卻不如天算，而透過服務來創造價值的，因為受到眾人的支持，反而能勇者無懼，創造事業，您的情況便是如此。

財富

您會獲得資金的援助，您會用它來改善員工、環境、工作的條件，因而創造更有競爭力的職場，甚至做公益，而不是將它放到自己的口袋。如果您只是一般上班族，您也會掏出些許金錢來從事公益活動，因而獲得很大的快樂，但這並不會造成您經濟的壓力。

愛情

您的感情穩定，子孫滿堂是您愛情最大的宗旨，可以牽手過一生，是您最大的幸福，不過好是好，但略顯單調，感情雖然可以長治久安，但也有點缺乏春雨春意。如果您還沒有伴侶，您是一位剛

毅木訥、溫良恭儉讓的可靠對象，真是宜家宜室。

學業與科名

成績不錯，因為您的情緒穩定，又不會有雜務困擾，所以能專心的讀書，因而得到佳績。至於文書、企劃、創作方面，因為您的作品優點多、缺點少，格調不錯，所以能獲得入選。

人際

您經常開導別人，提供別人寶貴的諮商，所以別人也會以張老師的角色看待您，您的意見雖然保守，但卻中肯誠摯。

愛的小叮嚀

人生並不一定是在追求個人財富與地位，像這就是典型的例子，透過奉獻，您會發現人生另一個收穫的意涵，它出乎現世的物質，可是內心的充滿和喜悅卻是更為真實，您也會透過宗教來領悟更多的道理。

天梁

格局

這個運勢剛開始時有些低迷，但後來會好轉並有起色，而且您可以在社會、公益、宗教的活動裡，獲得心靈的成長，對日後的生涯有許多幫助。

事業

起初您會遇到一點波折，不過這個波折是可以克服的，而且克服問題後，事業反能呈現出生機，當然，您必須更善意的對待眾生，並以服務、誠懇，且帶點淑世的情懷來看待問題，不可用私人利益的角度來看問題。

財富

您不會有橫財落入個人口袋，如果您想投機或簽六合彩，一定穩輸不賺，不過您可以捐點錢給慈善機構，因為這樣反而會讓您更能逢凶化吉。

愛情

您像個老頭子一樣不解風情，吃飯看報紙，看電視看報紙，與伴侶講話也在看報紙，這樣讓他有些不滿，實在有改進的必要。如果您還沒有伴侶，別人會說您是呆頭鵝或呆頭雞，缺乏情趣，雖然

這麼古意的人說不定比較可靠，但短期內愛情進展的機率不太高。

學業與科名

　　有中間偏上的程度，因為您可以安於煩躁的課業，所以能夠維持一定的程度，不過這時頭腦有點轉不過來，所以要突破窠臼獲得高分，必須要再靈活一點。文書、企劃、創作方面也是一樣，您需要更多的創意，而不是只負責Copy。

人際

　　您雖然見解不錯，不過有些囉唆，而且喜歡當人家的老師，手法也不夠婉轉，所以別人雖然想向您請教，可是卻又有些遲疑。

愛的小叮嚀

波折是可以度過的，而且會有「打斷手骨顛倒勇」的現象，所以並沒有大礙。不過，您可能因為有智慧、喜歡幫助人，所以變得有些碎碎念，像個老教授一樣指責別人，所以讓人覺得有點煩，Fun一點嘛，事情有那麼嚴重嗎？

天梁

格局

運勢不好喔，尤其在初期會更衰，不過後來事情會有轉圜餘地，如果處置得當，應該可以獲得解決之道。

事業

因為您有些頑固不冥，而且態度強硬，所以將事情帶到絕境，嚴重的話，還會扯上官司，雖然事情可望獲得解決的曙光，不過您應該反省，自己確實太不容易溝通與接受別人的意見，如果您持續抗爭，後果就不一定能轉圜了。

財富

沒有額外的收入，剩餘的錢也有告罄的危機，您又愛面子，不願去借貸，所以陷入愁雲慘霧之中。如果您從事賭博或投機，保證會輸到脫褲子，還會與人發生糾紛，因為雖然厄運都可能出現解決的轉機，但財神爺卻一點都不眷顧您。

愛情

您實在像極了糟老頭或糟老太婆，實在只適合當孤單老人或修道人，您一點情趣都沒有，連春風也不屑吹到您身上，所以您可以準備好好一個人或伴著我佛度過餘生。如果您還沒有伴侶，春風指

數是0分，雖然沒有特別的情色災害，但情慾也冷到了極點。

學業與科名

因為頭殼太硬，所以無法從迷宮裡走出來，因而成績欠佳，其實您不用那麼死心眼，有時放一點，反而能夠突破窠臼創造新猷。文書、企劃、創作方面也是一樣，您那好像五十年前的老風格，讓眾人實在有點無奈。

人際

麥尬，您好像學校裡的訓導主任，又嚴厲又不能通融，別人經常接受您的批評指教，自然會心生反感，並加以反擊。

愛的小叮嚀

雖然您沒有惡意，但沒有惡意並不表示不會將事情搞砸，尤其前期運勢低迷，還可能會有法律糾紛，所以這時您應該多多接觸宗教，禪宗可以告訴您一切皆空的道理，您實在不必那麼拘泥於世間的枝微末節，讓自己無法解脫，反而越陷越深。

天梁

★ ☆ ☆ ☆ ☆

說明：天梁不化忌，逢空星又只主空門，不主厄運，且本身又是化難解厄星，所以不入下下格，請轉天梁★★。

七殺

格局

您好像終極一班裡的K.O.1，在衝擊中登上高峰，雖然戰況激烈，但最後還是獲得光榮的勝利，和勇者的冠冕，爭戰過程中難免會有折損，但收穫卻是豐碩而無上的，讓我們一起高呼您「嘩，英雄！」

事業

您會大幅度的開疆闢土，突破以往的格局，事情的進展也極具挑戰性，絕非挑軟柿子一樣一蹴可及，但也因此，才能做出平常人所無法達到的任務。

財富

會有大筆的資金入帳，是達成任務的豐富報酬或獎賞，所以不是一般的入帳。資金周轉率很快，是從事事業發展所需，不過狀況在掌握之中，透過這麼快速的流動，錢財也會越來越多，不過帳面多，入袋少。

愛情

會有閃電戀愛發生，您能在開放、不受世俗眼光拘束的情況下熱烈愛戀，也算是一對神鵰俠侶。如果您已經有伴侶了，雖然您會

因為照顧事業而疏於愛情，但給對方的物質滿足卻相當強烈。

學業與科名

理工科、體育科、技藝科方面表現傑出，可望獲得最佳武狀元和最佳技術獎，文科方面也還能保持一定水準。至於文書、企劃、創作方面，因為您的作品能有高度的顛覆性、實驗性、抽象性，非為常人所能理解，因而可望獲得金熊獎。

人際

您頗有大哥大大和大姊大大風範，敢做敢當，照顧底下的人，所以人們把您當成英雄一樣膜拜，對您唯命是從。

愛的小叮嚀

您有如楚霸王般地充滿攻擊力，也受到別人英雄式的崇拜，當然，也能因而攻城掠地，擴張版圖，不過在征戰過程中，損傷總是無法避免，所以您應該注意調養自己的身體，也注意不要因為過度積極而留下日後受人牽制的把柄，更重要的是，任何攻擊都是一個過程，最終還是要進入建設與養息的階段，所以不要樂此不疲。

七殺

格局

您的運勢和攻擊指數都不錯，不過也因而有點殺氣，您能承擔繁重的任務，但也要小心身體因而受到的耗損與傷害，雖然這些問題目前都能解決，不過還是不能輕忽，因為日積月累的損傷也會積勞成疾。

事業

您能將事業帶到一個新局面，這個結果是經過辛苦而得到的，絕非說說就能改變，而是歷經辛苦，也正因為如此，正好證明天道酬勤的真理。

財富

您會有額外的收入，財源是達成任務的獎金，但財務周轉率高，所以能真正落袋的錢財不見得額度高，因為不久又投入周轉裡面了。您的財富也會大量拿來犒賞部屬，這當然也是一種投資。

愛情

講究自由戀愛，而且是天雷勾動地火的強烈形式，閃電戀愛，一見鍾情，慢吞吞的試探、發展不會成功。如果您已經有伴侶，會因忙碌忽視他，因而顯得聚少離多，雖然您給他的補償很多，但可

能還是無法滿足他對愛的需求。

學業與科名

理工科、技藝科、體育科成績較好，其他文科成績較差，因為您精力充沛，所以會無奈於書本的枯燥。至於文書、企劃、創作方面，因為您有突破性的見解和規劃，所以會受到重視。

人際

您像個有擔當的大哥、大姊，勇於承擔，因而受到眾人的依賴，而這也是您的價值和自豪所在。

愛的小叮嚀

征戰的日子雖然弟兄之間肝膽相照，情深義重，但總是會有損傷，而且與家人疏離，所以這只是暫時的非常階段，最終還是要回歸正常的生活，因此，您可以全力以赴，但不要忘了回家。

七殺

格局

運勢普通，不過您敢衝、敢做，所以呈現高度的變動，但是在運勢並非很旺的情況下，這樣的前進，就猶如賭注一般，好壞參半，而且容易造成耗損和受傷。

事業

您的努力或許並無明顯的效果出現，所以有無事奔忙的意味，如您選擇較「鋼硬」的行業，如機器、鋼鐵、土木、刀械……等，或選擇保鏢、業務開發、拆除業、肉類業……等，成效會比較卓著。

財富

起伏波動較大，因為您勇於投資，而且不經過仔細的算計，所以往往無法將錢財留在身邊，因此財富大多會化為投資或應酬，不過回收可能沒那麼迅速。當然您投機傾向也很強，但沒有明顯的運勢顯示您的投機事業會賺錢。

愛情

屬於「快速」的，一方面陷入熱戀很快，一方面感情冷卻也很快，所以這樣的快速度是不穩定的，在愛情上是空虛的，頂多只是

透過情愛的感官刺激來滿足自己而已。

學業與科名

　　中間偏下一點，情緒高亢、運動神經發達，所以無法安靜下來讀書，至於運動和技藝的成績會較好，不過可能會因為受傷的風險而使成績稍受影響。至於文書、企劃、創作方面，必須以顛覆和實驗方面的性質取勝，否則較難出線。

人際

　　您雖然敢帶頭衝，但智慧比勇氣差一點，所以有點魯莽，適合帶小弟，至於做大事，還需要磨練。

愛的小叮嚀

您是處在心情極欲有所突破的狀態，但因為天時、地利、人和的搭配未臻完美，所以可能暫時無法將遠大的理想完全付諸實現，因此您的焦躁是可以理解的。建議您，雖然還不是進攻的時候，但此時您可以將這分精力拿來做萬全的準備，因為機會是留給做好準備的人。

七殺

★ ★ ☆ ☆ ☆

格局

運勢有點「硬」、「剋」，您應該預防受傷或情緒的沮喪，因為情緒沮喪也會導致身體的傷害。

事業

在一陣混亂後，突然出現事業的破敗，原因在於您沒有經過深思熟慮，就貿然進行事業的擴展或業務的開發，這一役，勢必折兵損將，算是吃了一個敗戰。同時，您也極可能想以不正當的事業來獲得不正當的財富。

財富

會有周轉不靈的現象，而且也會嚴重破財，因為沒有完善的財務規劃、對金錢的開支沒有節制、沈溺於應酬玩樂，所以突然發現不但戶頭空空如也，而且還欠下巨款，此外，在投機和賭博上，您也埋下一個禍害，取之不當的財富也會使您蒙受因果的懲罰。

愛情

簡直可用「痛不欲生」四個字來形容，您暴躁的個性與刑剋的際運，恐怕難遇到或留住真愛，所以，有名無實，或有實無名的伴侶關係，就在拔刀相向中結束，還留下無限的怨懟，與日後的恩

怨。感情的打擊很大，您會有輕生的念頭升起。

學業與科名

您根本不在意學校成績，也不在意是否被退學，因為您已經無心在正道上學習，在學校，訓導處經常廣播您的名字，所以您的名聲很響，但不是好的名聲。至於文書、企劃、創作方面，您交了一張白卷，還說青草被羊吃光了，羊也走了，這個創意很不好笑，真是無可奈何！

人際

您與良師益友越走越遠，與一群獐頭鼠目越來越近，善良的面容逐漸消失，兇惡的臉孔卻漸漸呈現出來。

愛的小叮嚀

迷途的羔羊啊，外界的迷惑已經使您無法認清事實的真相了，但是您並不快樂，您只是人在江湖，身不由己，您感到人生的痛苦虛無，甚至開始不愛惜自己的生命，因為您不認為存在有什麼特殊意義。回到愛您的人或佛祖的身邊吧！因為只有愛和慈悲，才能讓您回頭，再不回頭，一切就來不及了。

七殺

★ ☆ ☆ ☆ ☆

格局

如果您不能接受我佛的感召而改過自新,可能會落得很悲慘的下場,而且身心也會因此受到刑傷,嚴重一點,可能影響生命的安危。

事業

破敗已經很明顯了,好像敵人已經攻進城池裡,這時您能做的,就是減少再去傷害別人。或者,您也可能經營不正當的行業或以不正當的方法謀財,這樣的事業雖然看似很有賺頭,但事實上,出賣的卻是您的生命跟靈魂,並因而埋下因果。

財富

欠款的逼迫已經無法再拖延了,所以您可能因而遭受傷害,也可能鋌而走險,或者,以不正當的行業或方法獲取利潤,這樣的錢財猶如與惡鬼打交道,隨時必須付出代價。

愛情

應該沒有所謂的真愛吧!愛您的人都會被您傷害,包括惡意的家暴,或無意間被波及的傷害。您好像只適合做個漂泊的人,過著露水姻緣或苦命鴛鴦的感情生活。請不要再傷害您的伴侶,如果您

無法不傷害他，那就請給他自由和安全。

學業與科名

一團糟，您可能很想輟學，到江湖闖蕩闖蕩，所以對學業成績或是否被當、被退學壓根兒不在意，在這樣的情況下，得到的名聲若不是報紙的頭條就很萬幸了！至於文書、企劃、創作方面，唉，就甭說了，我要騎腳踏車先走了。

人際

您的匪類除了能吸引獐頭鼠目的同伴一起為非作歹外，善良百姓則早把您歸為「鄉里四害」，早欲除之而後快。

愛的小叮嚀

許多死刑犯都在臨死前才開始懺悔，並因而開始體悟宗教的真諦，但這輩子可能已經來不及了。這個警訊或許可以給您一點警惕，您正可因此而提前思索生命。厄運可以透過宗教（佛教）來降低它的災害，首先您必須透過修行而降低自身的殺氣與衝擊力，接著，透過領悟人生的無常與虛空，來減少做出不好的事，然後您可以用慈悲的心去重新看待世界。願菩薩保佑您。

破軍

★★★★★

格局

初期雖然有些波折，但後來演出大逆轉的大滿貫，完全掌握大局，除舊佈新，獲得絕對的勝利，所以期初的波折只是挑戰的一部分，更能激發您火山般的潛能。

事業

其實您滿懷理想，而且為了理想更能放棄一切去追求，所以您有烈士般的性格與行徑，因為在好運勢的推波助瀾下，終於成為頭角崢嶸的開國英雄。

財富

您可以為了實現理想而大量投入資金，所以平常並不會太注意小節，您資金充沛，同時也可獲得大筆的達成獎金或犒賞，不過當然大部分也會再度投入事業發展，或慰勞弟兄上，但這些投資，當然有利於日後的發展。

愛情

其實您並沒有傳說中那麼無情或凶悍，只是會為了追求理想而忽略了愛情和家庭，大部分的時候，您對待他們還不錯。您會盡量想辦法彌補他，使他感受您仍愛他。如果您還沒有伴侶，愛情傾向

自由戀愛，您不屑單調的愛情，但又沒有細心經營的耐性。

學業與科名

有很好的發揮，不過文科方面的成績比較普通，實習方面的成績卻是相當傑出，而且因為創意過人，手藝精湛，當選最佳金手獎，可謂當之無愧。至於文書、企劃、創作方面，您提出的作戰分析與攻略計劃會受到高度的採納，猶如戰神再世，並因而獲得大好的機會。

人際

因為您揭櫫的理想獲得大眾的支持，而且又有勇往直前的魄力，所以能成為閃亮的領導人。

愛的小叮嚀

因為堅持理想，並且義無反顧，所以許多人誤以為您是無情或乖張，事實上，世上如果沒有您這種人，又怎能推翻腐敗，建立新猷？您內心澎湃、重情重義，為了實現理想，有時確實會有疏於照顧家庭或翻臉爭執的情況，所以您應該多多與家人相處，以減少這種遺憾。

破軍

格局

您是個理想主義者，更是個實踐者，所謂「萬事起頭難」，所以雖然起步時會有波折和耗損，但最終還是會有收穫。

事業

您不會墨守成規，會對現有的情況做一番改變，雖然會有反對的聲音，但您會堅持完成它，雖說是魄力，也可以說是強勢，所以事業先難後成，但最後還是會有不錯的結局。

財富

您不會守著固有的資金或財物，而會不斷的變賣、更新，轉換新的資產，因為運勢不錯，所以在這個改變當中，您獲得不錯的利潤。當然，絕大部分，您也會拿去做事業轉換所必要的投資。

愛情

運勢就平平囉，剛開始時，您的愛情維持的較好，但隨著事業的發展而呈現聚少離多的情況，但您的另一半還能體恤您，所以彼此尚能保持良好的關係。如果您還沒有伴侶，成立家室的衝動平平，如果有，也是屬於速戰速決的類型，而不是花前月下，你猜我、我猜你的兒女私情。

學業與科名

文科表現平平，但實習科目的分數高，而且有不錯的創意，手藝也備受肯定。至於文書、企劃、創作方面，雖然文采普通，但可貴的是您對開發、市場的分析良好，提出的作戰規劃大膽、新穎，所以獲得機會。

人際

您能影響眾人跟隨您的腳步去開啟山林，所以是個有號召力的人，但同時也要多用點頭腦，才能不辜負大家的託付。

愛的小叮嚀

汰舊換新是所有事業裡最困難的，因為它會面臨舊勢力的頑強抵抗、同仁的遲疑、環境的不確定和勝負未卜的結果。因此，從事變革的人，一定要有大魄力、大堅持，更重要的是能夠影響別人來支持。所以您應該去「影響」更多人來支持，而非用強勢脅迫的方式。

破軍

★ ★ ★ ☆ ☆

格局

運勢普通，不過卻是相當吃力與吃緊，因為環境面臨轉型的瓶頸，所以您必須去面對這個棘手的問題。

事業

建業初期是最困難的，所以您在身心方面都有很大的挑戰、負荷，甚至耗損，但短期內卻不會有明顯的成績出現，如果您請專家評估您的方向和做法是對的，您就應該堅持，否則就應該做修正。

財富

有財來財去的跡象，所以不會有落袋為安的好事發生，有的話金額也不大。在理財方面，您不甘於安定的理財方式，所以會有很多的投資管道，並且經常變更金錢的方向，可是成效So So，並沒有特別的表現。

愛情

運勢有點乏善可陳，因為您的個性倔強，又不肯屈服，所以伴侶必須容忍您的脾氣，雖然一切都還好，不過並不保證伴侶不爆發他的情緒。如果您還沒有伴侶，也會因為您強勢的個性而無法順利結交到異性朋友，否則雙方也會很快就Over了，除非對方是一個喜

歡剛強個性的人。

學業與科名

實習分數還可以外，其他就有待加強了，因為您心神一直處於想要擺脫束縛的情境下，所以無心於課業，因而不可能有好表現，甚至還差平時水準一點。至於文書、企劃、創作方面，您提出的市場攻略或戰爭分析，被認為並無具體的做法，反而比較多情緒的宣洩，所以並未得到太多的重視。

人際

您被認為是理想主義者，並且在向人推銷您的想法，不過因為時運並未臻成熟，所以人家覺得您很特異。

愛的小叮嚀

所謂「成者為王，敗者為寇」，而成敗之間，往往也需有命與運的變數考量，因為大勢未至，所以還未能稱王，不過運勢也未背到要稱寇的地步，所以，您應該借助他人或專家的意見，來審查一下自己的企劃與行動，是否有需要修改的地方，這樣會有利日後的發展。

破軍

★ ★ ☆ ☆ ☆

格局

運勢稍嫌不濟,雖然您願意為理想而付諸行動,但理想的基調如果不對,則行動後的結果會出現傷害,而非助益,而且也有身體傷害之虞,應特別注意。

事業

您因為理想欠缺完整,並且時運未濟,所以表現不理想,或者有可能因為理想有偏差,所以在實行後反而出現災害,不管為何,您都應該注意理想的正當性。

財富

財運有明顯的破財徵兆,當然,您也可能以不正當的理想為志,所以選擇不正當的賺錢方式,因而在財富上呈現極端危險的訊號。同時,您可能因賭博、投機而損失大筆金錢,甚至欠下龐大債務。

愛情

可能會對伴侶採取暴力行為,也可能發生不正當的性關係,所以不是一個好的伴侶,並且衝突關係一觸即發。如果您還沒有伴侶,那麼您尋求煙花或不正當關係的機會頗大,正常的交往不易發

生，您對人，或人對您，會有玩弄感情的事發生。

學業與科名

一塌糊塗，因為您沈溺在自我編織的美夢裡，這個理想是不切實際的，缺乏正當性，相對的，也令您對讀書感到厭煩和無奈，您甚至並不關心是否會被當。至於社會上的名聲，可能已經逐漸敗壞了，趕緊加強反省吧！

人際

您會和狐群狗黨在一起，對善意的規勸無動於衷，所以，您逐漸變成鬼類一族。

愛的小叮嚀

您因為無法自拔的陷入自我有缺陷的理想裡，所以呈現行為偏差，並且在進行這樣的破壞工程，而且本身也有刑傷之虞。最有效能將您導正過來的，是佛教，因為此時您需要宗教力量的慰藉與救贖，也唯有在人生的劫難關卡上，人才會認真思索生命的意義。建議您開始透過佛教來尋求庇護，躲避危機，並釐清自己思想的本質，而不是等到木已成舟才來求菩薩接引。

破軍

★ ☆ ☆ ☆ ☆

格局

您好像基本教義派的激進分子，甚至主張用同歸於盡來捍衛自己心目中的正義和理想，所以其嚴重性可想而知，您不但容易受傷，甚至有「殉教」的思想。

事業

已經呈現破敗的現象，而且似乎很難挽回了，此時，您的思想已經與常人有異，可是您卻十分堅持己見，您可能打算「和陣地共存亡」，想以死來獲得解脫和救贖。

財富

資金缺口已經遠遠超乎您能承擔的極限了，而且逼債的壓力又出現暴力追討的情況，您坐困愁城，除了鋌而走險，似乎就只能等待死神的來臨。如果您以前從事不當事業牟利，現在也是被天理討帳的時候了。

愛情

您極可能是個婚姻暴力者，或是擁有不正當的婚姻關係，這樣的婚姻即是所謂的「孽緣」，尤其在社會上是備受歧視的，而最後也必須以悲劇收場。如果您沒有伴侶，不易出現真正的愛情，您會對

對方，或對方會對您始亂終棄。

學業與科名

學校課業方面您早就不關心了，或許您還不知道自己是否被退學了？社會上說不定也會有名聲，不過那可能是社會版的頭條，或警察局的通緝公告。

人際

或許一清專案上面的名單，都是您的朋友，人人都怕您，對不起，我要去趕火車了。

愛的小叮嚀

我們必須承認，這是人生罕見的厄運之一，如果理念正確一點的，可能成為烈士，如果理念偏差的，可能成為梟首之犯。不過天無絕人之路，老天其實也已在為您開一道門，如果您一開始便能接受佛教的薰陶，甚至短期皈依空門，將自己的破壞力降低，那相對的，引發的後果也不會那麼嚴重，甚至一開始就可躲過一劫了。但如果您連最後一道門也將它關上了，那就準備接受審判吧！

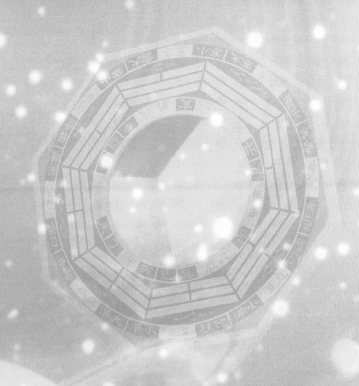

第二站

紫微、天機、太陽系

紫微天府

格局

萬德福（Wonderful）！這是千載難逢的天賜鴻福呀，恭喜您！您有無上的開創能力，好像金剛超人一樣，百折不撓，因而成就了史上輝煌的紀錄，好像李安創造亞洲人的新紀錄一樣，不要客氣，向前衝！衝！衝！

事業

您能攻能守，您的領袖氣質和魅力會吸引眾多人的追隨，當然，更主要的是，您能揭櫫繁榮的理想並展現能力和魄力，所以在知行合一下，帶領眾人創造一個嶄新的王國。

財富

也是源源不絕的啦，不但有權有勢，還能財多富足，人生至此，夫復何求？不只如此，您的享受指數高達100分，您會將錢財用在非常高格調、非常豪華的享受上，在精神和物質上都獲得完美的品味。

愛情

當然也是燒滾滾，如果您還沒有伴侶，會遇到國王、王后般高雅的人，而您也會以高格調的攻勢擄獲他的心，您們的進展很快，

會迅速達到熱戀的階段。如果您已經有伴侶了，您會經營一段豪華的愛情，令對方刻骨銘心，不過千萬別「吃碗內，看碗外」喔！

學業與科名

如果狀元還分級，那您一定是一等一的狀元了！課業上，不但成績超ㄅㄧㄤˋ，而且還會獲得接見、當面獎勵，實在風光的不得了，老師也覺得您比他厲害。至於文書、企劃、創作上，您不但「出國比賽，拿金牌，光榮倒轉來」，還因而獲得無限商機。

人際

您像皇帝一樣，眾人對您一呼百諾，真是千年神仙，不如一日帝王。不過您高貴的氣質，好像啣著金湯匙出生一樣，比較欠缺親和力。

愛的小叮嚀

這樣角頭崢嶸、事業愛情兩相得意、工作享受都達到顛峰的運勢，不是常常有的，所以您應該好好把握機會創造自己的理想，並將福澤均霑給眾生，做個有風範的領導人，千萬不要流於獨享。

紫微天府

格局

您的運勢不錯，能守能攻，愛情、事業都能有收穫，工作之餘也懂得享受，真是羨煞死人了，不過您有些高傲，要特別小心喔！

事業

您有完整的企劃，也有良好的行動力，在運勢的推波助瀾下，達成理想的目標，而且結果令人滿意。

財富

也是嚇嚇叫、碰碰跳的啦，您對追求財富有企圖心，而且透過妥善佈局和努力爭取，所以能有所斬獲，此外，您重視享受的品質，所以在自我花費上，並不會太吝惜。

愛情

春風得意，您重視愛情的格調，而且在經過一陣經營後，就想快點達到結果，不喜歡拖拖拉拉，所以對於個性大方的異性比較適合，但這個異性雖然大方，卻也有氣質，尚稱高貴。如果您已經有伴侶了，會去經營一個特殊情調的愛情，但您對外面的花花世界，其實心裡還是有些癢癢的。

學業與科名

可以得到好成績，而且因為運勢好，所以如果您肯再多花點心思，必然還會更好，不過，您因為情緒有點亢奮，所以讀書的時間會減少。在文書、企劃和創作上，有入選的希望，而且也會因而對事業有所幫助。

人際

您是團體的領導人物，有能力與魄力去指揮他人，所以備受尊敬，不過您有些獨裁，要注意喔！

愛的小叮嚀

運勢不錯，凡事大概都能有一定程度的成就，而且也能有好的享受，不過您會有點驕傲，因而缺乏親和力，並認為指揮、調度別人是天經地義的事，因而忘了別人的感受。因此應該特別溫柔一點。

紫微天府

★ ★ ★ ☆ ☆

格局

　　您雖然表現出開創和領導的企圖，不過因為運勢並未特別突出，所以成效在一時之間還不會明顯的顯現出來，不過凡事本來就不會立即產生績效，所以您應該持續發展您的理想，千萬不要半途而廢。

事業

　　您的努力雖然還沒有明顯績效，但在未來都會顯現出成績，不過您也有必要再檢視一下您的企劃，是否有太過於自信的地方？因為您可能過於自信而忽略其他人的意見。

財富

　　您的財運中間偏上一點，不過您對獲得財富有相當的雄心，而且也有相當的計劃，只是因為時機尚未完全呼應，因而暫時無法實現。在進財未如預期的情況下，您有必要調節您的財務支出，否則會入不敷出。

愛情

　　您喜歡高貴的異性，也喜歡有格調的愛情，所以會有點打腫臉充胖子的跡象，超乎自己經營愛情的能力，但同時，您對伴侶的忠

忱度其實是有待考驗的。如果您還沒有伴侶，可能您的心暫時還不容易安定下來。

學業與科名

能維持中上的程度，不過那不是因為您用功，而是您考運還不錯的關係，不然，其實您的心是有點不能安於書本的。在文書、企劃、創作上，您的表現比課業好，因為有點不安分的心在實際操作上反而有突破感。

人際

您有喜歡領導別人的傾向，不過因為您尚沒有足夠的功蹟來作為領導別人的基礎和後盾，所以，別人多少有些不爽。

愛的小叮嚀

以皇帝為比喻吧，皇帝如果德高望重、豐功偉業，那麼他領導別人自然有足夠的基礎，甚至獨裁點，人家也會說他有魄力，但如果皇帝本身尚無德業，那他的領導就會出現別人的懷疑。這個格局就是如此，所以您應該在經營人際關係上多費點心，才能獲得更多的支持，而不是一味想去領導別人。

紫微天府

★ ★ ☆ ☆ ☆

格局

運勢不是很好，加上您有一種莫名其妙的優越感和尊榮感，您高高在上的樣子，會讓人覺得有些「陳水」（欠扁）。

事業

因為您不會以和諧的手段處理問題，讓人覺得您趾高氣昂，所以不會獲得他人的支持，因而事業呈現落後的跡象，您有必要檢討自己，憑什麼自己會這麼驕傲？

財富

因為您崇尚浮華、注意門面，所以會將金錢花在沒有助益的支出上，加上您有雄心壯志要開創一番事業，所以在投資上絕不手軟，但是因為財運欠佳，所以造成您經濟上的缺口大增。

愛情

您習慣以光鮮亮麗的外表來吸引異性，但這個表現超乎您的內涵和實力。同時，您也有點見色思遷，對愛情的忠忱度偏低，說不定還有尋花問柳的跡象，不過，您會挑選貴一點的性交易，以滿足自己的虛榮。如果您還沒有伴侶，您並不想談真正的愛情。

學業與科名

有點糟糕ㄋㄟ，因為您的心還在想線上的天堂攻略，所以無心於安靜讀書，而且為了面子，會有作弊的傾向喔！至於文書、企劃、創作也是一樣，因為您的企圖過大，大到有點不切實際，而且實行很草率，所以被人說：「謝謝，再聯絡。」有人甚至當面給您吐槽，您會很羞愧。

人際

您老是喜歡指使別人，所以別人的不悅早已寫在臉上，甚至準備跟您攤牌，再如此下去，別人跟您翻臉是早晚的事囉！

愛的小叮嚀

老實說，有能力、有運勢的人都應該謙虛了，何況您又沒啥表現，怎麼可以這麼驕傲？所以別人叫您「米苔目」，就是比白目還白目，也有人叫您「火車」，就是比機車還機車。給點謙虛嘛，成功是需要別人相挺的，別人沒有必要聽您的指使。

紫微天府

★ ☆ ☆ ☆ ☆

格局

哇塞，運勢很背ㄋㄟ！您喜歡別人奉承，縱使知道那是虛偽的，您懷才不遇，卻不擇手段想要達成目標，所以，您已經是別人眼中的壞人了喔！

事業

您心志孤高，卻攻於心計，處事不擇手段，頗難合作與駕馭，所以任何人都不敢重用您，或與您合作，深怕您的背叛，所以事業呈現完全停滯的現象，也因此面臨破敗的危機。

財富

先前的投資有血本無歸的跡象，而且您有以不正當的方法謀取財富的傾向，這會讓您惡名昭彰，甚至會有東窗事發的可能。此外，為了維持顏面，或維持享受，您會不知節制的亂刷卡、借貸，因而積欠龐大的債務，這個債務已經遠遠超乎您的償還能力。

愛情

您喜歡煙花或小狼狗，同時會因為他們的甜言蜜語而被迷惑，並因而不知迷途知返，乃至深陷其中無法自拔，如果因而身敗名裂，身心俱創，不是意外的事。如果您還沒有伴侶，您只想玩弄別

人感情，或被人玩弄感情，不會有好的善終。

學業與科名

真是慘透了，您的學業成績非常不理想，所以您想以作弊來挽回，因而造成名譽受損、斯文掃地。在文書、企劃、創作上，您的作品實在有夠爛，但您卻還想以其他的方法來關說或走後門，結果因而還被抖了出來，更加難堪。

人際

因為您孤傲又喜歡指使別人，所以人人群起而攻之，一起排擠您、撻伐您，讓您覺得孤立無援，內心還在淌血。

愛的小叮嚀

運勢不是背，是很背，但還好是，如果您沒做過什麼虧心事，則事情都還沒到無可挽回的地步。其實您應該反省因為過於驕傲孤高，所以得不到別人支持，因而採取不正當的手段與方法，來達成目標的謬誤，否則，除了讓自己變得更乖張外，實在一點益處都沒有。

紫微貪狼

格局

喔，Yes！日本人說「醉臥美人膝，醒掌天下權」是野心男人最幸福的事（野心女人亦然），這個格局庶幾如此矣！您不但擁有權勢，還擁有謀略，更能享受美色和成功，人間神仙，亦非如此而已。

事業

您充分展露您的野心和謀略，從政治和外交雙管齊下，以凌人的氣勢，和凌厲的攻勢，將敵人殺得片甲不留，因而大獲全勝。

財富

財如春雨，有暴發暴得的機運，您會透過事業成功、交際手腕、敢衝敢賭，獲得大筆的財富，這筆財富金額之大，實在非同小可。但是，您也會將這筆錢花在享樂上，讓自己過著如同皇宮般奢華的生活。

愛情

您可以享受無與倫比的情慾生活，不但排場極為豪華，而且派頭十足、花樣繁多，不過您也很喜歡在外面享樂。如果您還沒有伴侶，可望遇到一位高貴的伴侶，他很優喔，不過花心的您，對花花

世界還是不能忘情。

學業與科名

　　學校成績突出，不過這並不是您很用功讀書，而是考運好、靈感佳，並且能得到別人的支援。至於文書、企劃、創作方面，您的發揮相對優異許多，因為您的作品充滿不可一世的富麗堂皇，而且美感和藝術感超群，因而可獲得世界金牌賞。

人際

　　您是人人稱羨的領導者，而且有靈活的手腕，您身邊也總是有許多粉絲圍繞，與其說他們「尊敬」您德高望重，不如說他們「仰慕」您有一種領導魅力。

愛的小叮嚀

生，死之始也；成，敗之始也；權力越大，責任越大。這麼意氣風發，不可一世，享盡人間繁華，必然也會做錯一些事，所以有遠慮的人更應該知道謙沖、守正的道理。此外，如能多接近宗教，勢必能改正您一些不理想的行宜，並為日後留下好的果報。

紫微貪狼

★ ★ ★ ★ ☆

格局

您很有創意，也很有行動力，可以準備好好大幹一場，勝算機率頗高！同時您在工作和享樂上都能兼顧，同時享受二者的樂趣。

事業

您有勇有謀，可以成為英雄，也可以成為梟雄，而事實上，您不是一個甘於屈居老二的人，所以您會不斷運用各種謀略和交際手腕企圖爬到最高峰，在所不惜。

財富

有很好的正財運和偏財運，正財運來自事業成功的報酬和獲利，偏財運來自投資或投機的業外所得。不過因為您喜歡享受，所以這筆錢您也會不吝惜於用它來犒賞自己。

愛情

嗯，您有點花名在外喔，不過您不是一個沒品味的人，所以在挑選對象時，您還是會有所選擇的。如果您還沒有伴侶，您不是真心想要成家立業而結交異性，而是希望透過結交異性來增進生活情趣。如果您已經有伴侶了，除了「性趣」旺盛，而且還有點見獵心喜。

學業與科名

都安啦，考運不錯，所以成績可以維持上等，如果是實習、藝術科目，成績會更好。至於文書、企劃和創作也是不錯的啦，您的作品格調、氣質、氣派都不錯，所以會被接受。

人際

您的謀略、公關、行動力和勇敢，讓人深為佩服，所以願意追隨您。

愛的小叮嚀

各方面的搭配都不錯，所以適合開創。不過，您潛意識裡，是想能成為眾人之上的王者，所以會有些許心機和梟雄的氣質流露出來，也因而會引起別人提防您，這對您而言，當然是不利的。另外，多接近宗教，會讓您的心裡誠懇一點，因而有很好的幫助。

紫微貪狼

★ ★ ★ ☆ ☆

格局

您按耐不住性子，渴望突破現狀，但由於運勢普通，所以不能真正大刀闊斧地去實踐理想，雖然這股雄心是值得稱讚的，但您應該更懂得沈著。您可以在內外部上多多活動、廣結善緣，如此有利展開運勢。

事業

事業看似可以突破，但好像總欠缺臨門一腳，不過您還是可以做好萬全的準備，只要您能堅持並保持鬥志，機會都是留給做好準備的人。

財富

有正財運和偏財運，不過都平平，不會因而大發利市，或日進斗金。正財上，會獲得事業的報酬，比平日多一些，但不多；偏財上，透過投資或投機，會有點小賺頭，但也不算豐盈。如能花點心思做點業外生意，可以小賺一點。

愛情

您傾向在情慾上有所享受，至於純純的愛，暫時不感興趣，因此，會有點花喔！如果您還沒伴侶，您沒有興趣經營男女正當的交

往關係，反而對男女的情愛遊戲較感興趣。如果您已經有伴侶了，小心哦，不要見色心喜喔！

學業與科名

課業表現平平，因為您心情盪漾，老是看著窗戶遐想，實在專心不下來，不過實習藝術科目表現較好。至於文書、企劃、創作方面，因為您有情緒要抒發，所以表現出個人特色，而且條理、策略、美感都還不錯，所以得到的成績會更好。

人際

您的領導力和異性緣讓人留下印象，如果有好的時機，就會有好的表現，可以領導眾人，但您也流露出假公濟私的氣質讓人產生提防之心。

愛的小叮嚀

因為時機尚未成熟，許多行動的績效並未如預期的好，所以讓您滿腔的熱血有無處揮灑的遺憾。其實，人生往往也是如此，總不會一直意氣風發，所以您應該學習如何沈潛，並學習如何在困境中一步一步突破，所以接近宗教對您有所幫助。

紫微貪狼

★ ★ ☆ ☆ ☆

格局

咦，運勢不太好喔！不過因為您心中充滿想要突破和成功的渴望，因而會有焦慮產生，情緒上有點喜怒無常，並且無理要求別人，整天往外跑卻不知幹嘛。此外，您喜歡被人吹捧，有許多不好的朋友影響您。

事業

因為不能開創自我的一片天地，所以您會考慮採取一點權謀的方法，而所謂的「權謀」卻是有點打歪主意的意思，所以讓人感覺您不安分，甚至您會有篡位的意圖，因而讓人更加提防。

財富

您的正財運和偏財運都乏善可陳，而且有虧損的現象，除此之外，您因為喜歡享樂、做排場的惡習，會讓錢財像無底洞一樣的漏洩，甚至因而欠下大筆債務。而且您也可能因為賭博或投機而損失一大筆錢，並且這個錢都可能是欠債來的，因而更加火上加油，隨時會釀成巨災。

愛情

您極有可能縱情聲色，並因而欠下龐大的債務，惹出嚴重的麻

煩。因為您缺乏真愛，也不想要真愛，反而喜歡沈溺於肉體的歡愉，但肉體的歡愉過後頓覺空虛，於是需要更多肉慾的滿足，因而呈現惡性循環，以及嚴重的後果。

學業與科名

功課表現很不理想，因為您不但心不在焉，而且思緒極度混亂，好像無法發揮滿腹理想，所以您想用作弊來解決問題，但被抓的機會很高喔！至於文書、企劃和創作上，您並無法將理想表現出來，而且漫無章法，反而令人覺得您有無限的悲愴和憂鬱的情緒，因而不要跟您接觸是最理想的了。

人際

您會被認為是一個為達目的不擇手段的人，或者，人家會以為，您是一個脾氣暴躁的人，所以人人對您敬鬼神而遠之，以免被您波及到。

愛的小叮嚀

滿腹的理想無法發揮確實令人憂鬱，但如果因而選擇不擇手段的話，就會變得躁鬱，躁鬱是有攻擊性的，因而會令人覺得您不是善類。平心而論，人生在世，有誰能為所欲為呢？誰能一生一帆風順？大部分的時候，人們都在等待，在等待中充實，在等待中修練，如果這時採取激烈行動的話，便淪為惡類。接觸我佛吧！祂會給您一些指引。

紫微貪狼

★ ☆ ☆ ☆ ☆

格局

如果您不是已經在宗教的皈依裡尋找到心靈的寧靜與慈悲的本懷，可能會過得相當偏差，甚至被人認定是「惡龍集團」一掛！

事業

您有犯上奪位的可能，也可能用不正當的方法謀得利益，總之，為了成功，您可以無所不用其極，但事情並非用惡勢力就可以解決，所以不久之後，反撲的力量與法律的制裁，也將隨之而至。

財富

您從來沒有想過財務的問題，因為您總是沒有節制與預算的揮霍金錢，直到積欠大筆債務被人脅迫追討時，才鋌而走險，孤注一擲，不過也因而走向不歸路，所以您必須事前省思自己的行為是否恰當？

愛情

對您而言，或許世上並沒有真愛，只有肉慾和情慾，所以您必須沈溺在裡面無法自拔。您也不喜歡婚姻的束縛，反而認為不正當的婚姻關係才是刺激的，甚至您會認為，特種行業的異性反而有情有義，懂得您的心，其實，他們只是在迎合奉承您而已。

學業與科名

您早就不在意是否被退學了，您或許還認為，沒有回學校扁老師已經是他們洪福齊天了。在文書、企劃、創作方面，在正途上，當然不值得一提，但若用在做壞事上，則是頭腦相當靈光，所謂「小偷狀元才」，這方面您的天分倒是相當高。

人際

十大槍擊要犯可能都是您的親朋好友。

愛的小叮嚀

所謂一念之間為佛，一念之間為魔，或許您有相當高的天分和才情，但若時運不濟，則當懂得沈潛修練，您自會發現另一個神秘天地，但有人信奉「寧鳴而死，不默而生」，如果不能流芳千古，則寧願遺臭萬年，因而造成自己、家人、社會重大的危害。所以您應該多多接觸宗教，體驗生命的另一個意義。

紫微天相

格局

　　帥呆了！恭喜您！真是有權有勢、首相之才的大好格局！民間認為，命中有權也要有印，這樣「權印俱全」，才能掌握權力、穩坐高位，您就是這樣冠冕堂皇的格局。

事業

　　因為您擁有真實的權力，同時本身也深具謀略，因此命令無所不達，一呼百諾，其極風光，您的格局相當於董事長兼總經理或是總統兼行政院長，雖然感覺決策兼執行，位高權重，但也因此相當吃力。

財富

　　運勢也極為優異，因為事業的成功給您帶來無限的財富，而且這個財富還能夠累積起來，不用再周轉出去，所以是可以庫存的財，此外，您在享受和衣食方面極有格調，簡直是帝王般的享受。

愛情

　　普通的庸脂俗粉、鶯鶯燕燕您是看不上眼的，您會遇到高貴、大方、氣度非凡的異性，而且對方還極有幫夫（妻）運，您們兩人會談一段有格調的愛情。如果您已經有伴侶了，會在好男人和外界

誘惑中猶疑。

學業與科名

可以奪魁掄元，因為運勢旺，相對考試的運勢也旺。在文書、企劃、創作方面，因為您的作品深具王者之風，並且氣象非凡，所以能震撼人心。並因為有詳細的攻謀策略，引人入勝，因而可以獲得首選，並獲得無限的商機。

人際

您同時兼具領導力和企劃力，實在是不可多得的領袖之才、人中之龍，所以深受眾人的愛戴。

愛的小叮嚀

有這麼好的事業運勢，又能將財富累積起來的格局並不多，所以您真是天之驕子！不過您不能凡事想獨佔，應該積極求得他人的助力，並與人分享成果，這樣反而有利，所以您還是應該學會懂得欣賞和信任別人。

紫微天相

格局

運勢不錯！但個性一把抓，「校長兼打鐘」卻又不願求助他人，您要多尋求別人的幫助，與人合作，甚至吃點小虧也沒關係，因為這樣反而可走更遠、更寬的路！

事業

期初的挑戰是難免的，但因為有這些挑戰，所以才能激發您的潛能，創造更輝煌的成就！您兼具領導力和謀略，要懂得放下身段，也要知道如何與別人共事，把責任分擔出去。

財富

也是OK的啦，您的財運不錯，而且還可以將財富儲存起來，真是不容易！除此之外，您對生活品質也很要求，所以會有高檔的享受。

愛情

您會遇到一位高貴的異性，對方條件不錯，跟您速配又登對。如果您已經有伴侶，對方會給您許多幫助，您的愛情格調高，所以您會經營一些氣氛。如果您還沒有伴侶，對象會令您驚豔，不過相信我，如果您只是想玩玩而已，最好別惹他，因為他也不是好惹

的。

學業與科名

也是不錯的ㄋㄟ，此時您已經有良好的運勢，如果再努力一點，要進入Top10也是不無可能的啦！至於文書、企劃和創作，也是可以因為高貴的格調、不凡的氣質和完備的謀略而獲得青睞，並且會有入選的機會。

人際

您像大哥、大姊，能有效地影響別人，帶領大家完成任務，不過有時您不自覺管太多，並且喜歡調度別人、凡事親躬，應該注意一下。

愛的小叮嚀

起初會有點小波折，但這是一定要的啦，因為天將降大任於斯人也，必先餓其體膚，苦其心志，不過事實上也沒這麼嚴重，只是一點激發潛能的暖身動作而已，所以記住，要隨時保持微笑，錄影中。

紫微天相

★ ★ ★ ☆ ☆

格局

您有領導力和決策力，不過因為運勢平平，因此一時難有發揮的舞台，尤其期初的時候，情況會比較波折，而且凡事親力親為，吃了苦頭。

事業

老鷹因為沒有足夠飛翔的天空，所以您會對上級或環境有些抱怨，甚至有跳槽的念頭，不過因為運勢平平，所以跳到哪裡都一樣，您這時或許會覺得好像在幫別人打天下，但其實這是必經的歷練。

財富

會有工作成就上的收入，不過額度並不會太大，您會將它一部分儲存起來，同時拿一部分犒賞自己，因為沒有意外之財的運勢，所以您不可以從事投機的活動，否則會將庫存的錢又吐出去。

愛情

您想玩，但結婚對象最好是純潔的小百合。因為愛情運勢平平，所以情況沒有想像中那麼春風得意，不過當然也不會太差，如果您積極點，還是會有機會的。

學業與科名

中上，因為您本來就可以念，加上考運也還好，所以還能保持中上的成績。至於文書、企劃和創作，也是有中上的表現，最主要的是，您要表現出氣度，並且呈現謀略，這樣成績就能更突出。

人際

人家會覺得您意見很多，雖然這些意見都不錯，但意見一多就難免叫人厭煩，所以有時只要恰當並能切中目標就好了，不需要把提供意見當成政見發表，「嘟嘟好就好」。

愛的小叮嚀

您的運勢雖然不好不壞，不過因為您的企圖心強烈，所以會呈現比別人更過度的焦慮和不安，其實，人生不如意十之八九，所以人生中低潮的時候一定比得意的時候多，因此您更應該學習如何以樂觀、開朗的心情來看待問題，並且應該學習如何將這份力量內化，這樣等到機會來臨時，您才能一鳴驚人。

紫微天相

★ ★ ☆ ☆ ☆

格局

喔，運勢算不好呢！雖然您心中已經計畫好策略，也醞釀了行動的情緒，不過因為運勢不好，所以會有功虧一簣，甚至幫別人做嫁衣裳的感慨。此外，應防意外和訴訟。

事業

您因為沒有揮灑空間而想要跳槽的心思大增，不過此時的您也會淪於獨斷，所以有時會做出錯誤的判斷，因而使情況更糟。

財富

呈現耗損的強烈訊號，您此時因為深感生不逢時，因而有透過不正當管道發展或取財的跡象，不只如此，您還可能因為決策錯誤，使得公司蒙受嚴重損失，此時您更應該明白一個道理：「決策錯誤更甚於貪污。」所以應當理性的處理任何公、私財務問題。

愛情

如果您已經有伴侶了，您會覺得對方凌駕在您之上，因而感到非常厭惡，所以出現爭執。如果您還沒有伴侶，遇到理想對象的機會不高，您的心一會兒想成家，一會兒想多玩玩，不能穩定。

學業與科名

實在是有點遜，因為反叛心強、意見多，根本不能融入課業裡，所以拿了一隻大母雞（乙）。文書、企劃、創作上，您並不能呈現作品應有的格局和內涵，反而到處宣洩您的情緒和混亂的意見，所以不能登大雅之堂，被打槍退件。

人際

由於您企圖心強、忠忱度低、有奪權的跡象，所以大家並不喜歡您，因此您更覺得孤立無援。

愛的小叮嚀

現在雖然不是一個講究盡忠的時代，但如果環境不稱心，或境遇不好就立刻走人，甚至不歡而散，其實也有失魯莽，所謂「滾石不生苔」，一年換二十四個頭家，到最後，不但自己一事無成，也被人「看衰小」，判定自己一點忠忱度或耐心都沒有，此時，連一家公司敢用您都沒有，所以還是要學著沈潛、謙虛。

紫微天相

★ ☆ ☆ ☆ ☆

格局

老實說，運勢很衰，您因為對自己有強烈的期許，所以在運勢不濟的時候，選擇離開原先的團隊，這個動作嚴重的傷害雙方的感情和您的信譽，最糟糕的是，您離開後，運勢並未因而好轉，所以兩面受害，此外也有刑傷和官非的可能性。

事業

事業真是跌到谷底，但情況並不會因為您的跳槽或轉換跑道而改善，而且目前的問題，您也應該負責任處理完再說，否則還是會有糾紛。

財富

您會有很大的資金缺口，這絕大部分來自您決策不當所引發的虧損，所以您也會因此有訴訟上的問題。此外，這時如果您曾經用不正當的方法取得財富，或賄賂、關說他人，此時也有很可能東窗事發。

愛情

如果您有伴侶，您的伴侶會是您很大的壓力來源，所以您們會因而發生互毆和分離。如果您還沒有伴侶，會遇到一段奇遇的機會

很高，這段奇遇是：仙人跳、玩弄感情，不過這段奇遇的代價也相當高，代價是被毆、中標、提起訴訟和上報。

學業與科名

在勒令退學邊緣，之所以會這麼悽慘，實在是因為您的心神已經完全充滿怨懟，無法理智處理問題，並因為衝動造成傷害。在文書、企劃和創作上也是一樣，您無法交出作品，或嚴重敷衍了事，因而違約，惹來麻煩。

人際

您被認為是「背骨」型的人，容易背叛團體，而且對團體充滿負面意見，所以被排擠，甚至被驅離。

愛的小叮嚀

時運不濟轉換跑道原本無可厚非，但要處理的漂亮，如果惡言相向、竊取機密、回頭打擊原公司，都可能成為人格缺陷或法律問題。除此之外，轉換跑道後最怕還是一事無成，甚至更糟，所以可以先沈潛、冷靜下來，凡事低調、謙虛才是正途。

紫微七殺

格局

給您拍拍手,給您放煙火,成功之神御駕親征,您說旺不旺!不但極具爆發力,而且領導建設能力超強,堪稱史上最強組合,擁有絕對的權勢,是攻城掠地、遠征揚名的大運勢!

事業

您會突破以往的窠臼,創建新的架構,絕對不會甘心安於現狀,所以您會大張旗鼓地展開拓展策略,而且能有絕對的成功把握,是人生中難得有足夠氣魄的格局。

財富

您的視野是放在大投資、大收入,而不是固定的收入或蠅頭小利,由於運勢非凡,所以您能如願的擁有豐碩無比的收入,您會將收入的一半收為己有,再將另一半拿出來投注新事業與犒賞弟兄,可以在財務上攻守平衡。

愛情

因為是屬於開創格局,所以不會安於小兒女私情,如果您已經有伴侶了,雖會給他們富足的物質生活,但在感情上,卻大而化之,各自擁有一片天空。如果您還沒有伴侶,不會喜歡那種羅曼蒂

克的愛情，而會是格調高雅但火熱迅速進展的愛情，同時您對性的需求也會較高。

學業與科名

文科成績不錯，體育、競賽、技藝方面的成績，足堪打破紀錄，直追成吉思汗，是不可多得的驃騎悍將！至於文書、企劃、創作方面，因為您的作品能打破現有的規模，提出一個新的視野與做法，而且謀略也相當出奇致勝，所以會獲得一致通過，得到史上最強金牌獎。

人際

因為您有超人的戰鬥力和領導力，所以能獲得眾人的膜拜，他們都以崇拜的精神追隨您，將您當成神一樣。

愛的小叮嚀

呈現御駕親征、開疆闢土的格局，所以在事業上，會有重大突破，但也因此，會有疏忽親人的孤獨狀態，因此您會轉往情慾方面尋求慰藉。所以，您還是必須正視家人與配偶的重要性，因為贏了全世界，卻輸了家庭，似乎並不是最高的成就。

紫微七殺

★ ★ ★ ★ ☆

格局

運勢良好！您不會甘於平凡，全身的能量正在提升，而且權星拱照，正是上場廝殺的好時機，但機會在遠方，不在眼前，所以要外出！

事業

您不會守舊，也不會安於目前的成就，因此，您會展開全面攻擊，雖然初期會倍感艱辛，但這是成功必經的過程。

財富

因為您的志向遠大，所以您會著眼於大手筆的投資和大規模的周轉，因為運勢旺，所以在盈餘方面也還不錯，此外，您也會將所得的一半再轉投資出去，而另一半則用來享受生活。

愛情

屬於火熱但高雅的愛情格局，對於猜來猜去、死去活來的愛情類型，您覺得實在有夠幼稚。如果您已經有伴侶了，您會熱烈的對待您的伴侶，但您的冷卻速度也很快。如果您還沒有伴侶，您會遇到火辣、豪放的對象，火速的進展一段愛情，如果這段愛情沒有出現，您可能轉而到煙花場所尋求刺激和快樂。

學業與科名

　　體育、競賽、技藝方面的成績卻相當不錯，至於文書、企劃、創作方面，雖然您不以文采取勝，但有濃厚的顛覆風格，而且策略也很大膽，所以能獲得評審的喜愛而入選。

人際

　　因為您的勇敢和領導能力，能夠吸引眾人的信任，而且有威信，所以自然成為領導型的人物，並經常是帶頭衝的人物。

愛的小叮嚀

您的企圖心強烈，不受約束，有領導魅力，喜歡權力，所以是適合創業、開發的類型，如果是擔任文職的人，也應該力求在業務上突破以往的窠臼，如果您暫時沒有這個職權也無妨，您可以將構思轉為完整的企劃呈給上司，極可能受到肯定，乃至贏得機會。

紫微七殺

格局

您不滿足於現狀，覺得權力不夠，不過因為運勢並非特別的旺盛，所以結果差強人意，您會有些急躁，因而呈現心理與現實不太吻合的情況。

事業

雖然沒有大問題，但您努力的成效，並未能明顯的彰顯出來，因此您會有些悶，如果可能，外出求發展會比留下來更理想。

財富

您喜歡做大筆的投資和財務進出，不喜歡小兒科的周轉，不過因為財運並未特別旺盛，所以您恐怕無法做這麼大的金錢遊戲，然而這個氣質反應在現實上，您還是會經常操作超乎自己能力的金錢額度，不過，您因而獲利的機會並不高。

愛情

您對對象的挑選嚴格但您喜歡速食、直接的愛情，對於偶像劇的劇情，您覺得實在有夠做作、不誠實。如果您已經有伴侶了，您會喜歡和他沈溺在魚水之歡裡，對於精神的契合比較不在意，如果對方無法滿足您，您可能會到外面吃自助餐，而且也會挑食。如果

您還沒有伴侶，遇到的愛情並不穩固，所以不要操之過急。

學業與科名

表現普通，體育、技藝和競賽科目稍好，原因在於您有些理性無法表現出來，所以無法達到好成績。文書、企劃、創作方面也是一樣，您因為欠缺條理和內涵，雖有勇於突破的樣子，卻無法讓人深刻、明確的理解。

人際

您愛恨分明，恩怨也分明，所以別人對您有敬畏的成分，不過因您尚無傲人的功蹟，所以暫時不能成為真正的領袖。

愛的小叮嚀

其實對於許多懷才不遇的人而言，他們最大的障礙不是運勢，而是自己，因為懷才不遇，他們會呈現焦慮的狀態，因而更無法將能力完全展現出來，因此使自己的表現大打折扣，甚至鬱鬱寡歡、胸悶氣結。所以，雄心萬丈的人應該學習，如何在平凡中沈潛，並在平凡中持續保持自己的優勢、累積自己的成績，以等待機會的來臨。

紫微七殺

★ ★ ☆ ☆ ☆

格局

運勢有衝擊性，您又很焦躁，過度渴望權力，所以會有翻船受損的可能，而且也很容易在身體上受到刑傷。

事業

您企圖創造一番新氣象，但時不我予，所以遭致失敗，損失慘重，同時，您也有可能選擇不正當的行業來從事，而這也一樣會給您帶來災禍。

財富

您認為人無橫財不富，馬無橫草不肥，所以會做帶有濃厚投機意味的投資，甚至直接做不正當的生意，不過結局卻很悲慘，您會鎩羽而歸，甚至因而欠下大筆帳務，因而被人暴力追討，而且您也會沒有節制的花費金錢，因此使災情更嚴重。

愛情

沒有所謂的真感情，您沈溺於肉慾與翻雲覆雨，不懂得真愛，卻可能將逢場做戲的狐媚奉承當成真愛，因而蒙受身心的重創，同時，您也可能因為爭風吃醋、玩弄感情等事情，而因色惹禍，乃至招來禍害或疾病。

學業與科名

應該都是丙吧，因為您根本沒有心思在課業上，同時，您可能因為作弊而被抓到，因而惹出大禍來。至於文書、企劃、創作也是一團亂的啦，您根本沒有好好做一份作品，所以被打槍也是很自然的事，不過您卻會在黑名單上留下紀錄，所以也算是有一點名聲。

人際

大抵上，善良老百姓應該會覺得您實在是個惡霸，蛇鼠一窩，狼狽為奸，人人對您敬而遠之。

愛的小叮嚀

有些人之所以會走上江湖不歸路，其實是因為缺少運勢，所以在極欲成功的焦慮下，便鋌而走險，原則上，他雖逞兇好鬥，但本性還不壞，只是在偏差的環境下，持續產生嚴重的偏差行為。此時，如果能誠心的接受宗教（尤其佛教）的薰陶，其實可以因為降低暴戾之氣，而降低危害和刑傷的程度，甚至改變命運。

紫微七殺

★ ☆ ☆ ☆ ☆

格局

阿彌陀佛，如果沒有在我佛的召喚下，大幅降低暴戾的心性，並在慈悲的感召下，改正偏差的行為，結果會非常不樂觀，並會因而招惹刑傷和牢災。

事業

因為您遠大的企圖心並沒有績效產生，因此投入的資產完全變成負債，所以遭受債主的脅迫追討。或者您因為沒有足夠的運勢完成大業，所以選擇不正當的行業，因而走向不歸路，過著充滿風險和殺機的生活。

財富

您不甘於固定與小額的進財，並相信暴發才能致富，因此您鋌而走險，故而遭受嚴重的損失，並因此惹禍上身，真是「人為財死，鳥為食亡」的典型寫照，而這癥結並非您貪，而是您不甘於平凡和落寞。

愛情

您不會眷戀家裡的伴侶，或不會想要有正常的婚姻，您喜歡誇張、刺激、變態的伴侶或性關係，不只如此，因為您經常沈溺於情

色與SM之中，所以也會因色惹禍，極可能招來禍害或疾病。

學業與科名

您早就不知道學校把您勒令退學了沒有，沒回去給老師「蓋布袋」就算是對老師仁至義盡了。當然，您在企劃方面是相當大膽的，不過是不正當的途徑和方法，所以只能在江湖上使用，但是所謂「菜蟲吃菜，菜下死」，所以夜路走多總會遇到鬼。

人際

警察把您的照片發放到全國，所以也算是成名了。

愛的小叮嚀

您的個性剛烈，時運不濟，如果不是皈依我佛，就容易走向作奸犯科之路，但因為有極大的刑傷徵兆，所以如果走向後者，必然得不到好結果，而且還有傷害別人的徵兆。如果您能瞭解這個因果，就應該立即了悟，為自己進行一趟宗教心性修練之旅，以免後悔莫及。

紫微破軍

格局

運勢「乎您慶甲掠袂條」，有夠旺啦，好像坦克車一樣的衝進敵人的碉堡裡面，取得勝利的大纛，建立了輝煌的蹟業！

事業

您是霸王型的，手握大權，而且不受任何傳統、條款、命令的束縛，因而能達成一般人所不能達成的任務，這個任務屬於「非常事業」，也唯有使用這樣的非常手段與魄力，並在運勢的推助下，才能完成這樣的蹟業。

財富

您很清楚自己的財富建立在事業開發的成功上，所以您懂得何時放入口袋，何時該拿出來，而且因為運勢極為旺盛，所以也會有源源不絕的收入。

愛情

雖然您講究愛情的格調，但您的愛還是屬於乾柴烈火型，並不細火慢燉，又因忙於創業，所以對伴侶並沒有細心的照顧，但您會給他們優渥的生活。如果您還沒有伴侶，雖然可望遇到不錯的對象，但您傾向追尋美麗大方和火熱迅速的愛情，並且以情慾為主。

學業與科名

功課不錯，尤其在技藝和理工科目上，有代表學校參加台灣區競技大會，並獲得金牌的實力！至於文書、企劃、創作方面，您是以驚人的創造力，帶領大家發現一個新的領域與境界而受到眾人的驚艷，尤其您揭櫫的攻謀策略和致勝奇招，更為眾人所傾倒。

人際

您有勇有謀，手持令旗，渾身是膽，彷彿戰神再世，人們把您當成神一樣膜拜。

愛的小叮嚀

所謂「非常時期，用非常手段」，但這「非常」終究並非常態，所以現在無論多麼風光，多麼一可不世，最後都還是要回到建設與倫理的常態，而且也不能經常處於為了達成任務而與人對立的狀態，否則必然會埋下日後怨恨的種子，這只要審視歷代名將王公都沒什麼好下場，就能得到殷鑑了。

紫微破軍

★ ★ ★ ★ ☆

格局

您可以發揮創意和戰鬥力，如果對環境、工作、任務有什麼不滿或建言，也可以得到掃除積弊的機會和權力，因而建立功蹟，你不是乖寶寶型的。

事業

現在不是坐收漁利或春暖花開的時候，而是要積極的披荊斬棘、攻城掠地的時候，真是辛苦您了，但這樣的辛苦，一定會獲得報酬。

財富

您知道應該把一半的錢拿出來衝刺事業，加上因為運勢不錯，所以財務流動還是會帶來不錯的金錢收入，同時生活物質的享受也達到了。

愛情

配偶條件不錯，但因為您事業繁忙，所以疏於伴侶的照料，因此雙方都感到孤獨，您會以其他的方法補償他們，但缺憾還是難免的。如果您還沒伴侶，您會傾向大方、直接的類型，雙方可以很快的展開戀情，如果戀情沒有發生，您會去吃「歐式自助餐」，因為那

比較有格調。

學業與科名

運勢不錯，您會對課業有所領悟，那是具突破性的見解，所以受到眾人的肯定，因此理工方面的成就會更高於文科。至於文書、企劃、創作方面，也是因為陽剛而豪邁，因而得到入選，除此之外，您的謀略也相當新穎，作風也很大膽。

人際

因為您的魄力和勇氣，所以能夠得到大家的尊敬，大家都相信您會有驚人之舉，並願意讓您領導。

愛的小叮嚀

您為了達成艱巨的任務，所以會有抵觸規定、傳統和習俗的作為，這是成就非常事業所不可避免的，不過，也因而，您會與這些制度的維護者或心態的守舊者產生衝突，如果您能更圓融的處理這些問題，當然也能降低在過程中以及日後的怨懟。

紫微破軍

★ ★ ★ ☆ ☆

格局

運勢普通，所以在英雄氣概無處宣洩之下，您會有叛逆、挑釁的行為出現，您就像等待機會的拿破崙，有點無奈而又煩躁。

事業

您期待能對現有的事業做一番整治，並企圖將事業版圖再做侵略性的擴張，不過因為時運並未臻理想，所以您的企圖無法順利的進行，因此您會有滿腹的牢騷，也對他人和主管有些不滿。

財富

您並不在乎支出，不過很在意是否有致富的地方，但可惜因為沒有明顯的獲利運勢，因而會焦慮，在這種情況下，除非您能耐住性子，按兵不動，不然進行財務處分，通常是不利的。

愛情

內心澎湃的您，實在是不適合羅曼蒂克型的愛情，因為您期待的是高貴卻又充分享受情愛的愛情，所以您可能會有出軌的行為喔！如果您還沒有伴侶，多半會被愛沖昏頭而閃電結婚，不過這樣的婚姻日後還是要經過很多的歷練。

學業與科名

學業表現普通，因為您處在魂不守舍的情境之下，內心一直有股力量想要掙脫出來，但如果是競技或運動類型的科目，表現會好很多。至於文書、企劃、創作方面，因為在精神上並不能將這些Idea淋漓盡致的表現出來，所以讓人覺得零亂與無法充分理解，因而成績平平。

人際

您的強悍與叛逆，雖然會吸引某些人的崇拜，但一般人還是不太喜歡這樣的氣質。

愛的小叮嚀

因為無法完全發揮實力與想法，因而顯現叛逆氣質，是許多人都有的經驗，但這樣其實並不會比較順利，反而更讓人覺得反感，因為誰都想充分發揮，都想當老大，那誰願意甘於人後？所以您應該將這股突破的力量用在正確的地方，或蘊釀成一股力量，而不是無的放矢。

紫微破軍

★ ★ ☆ ☆ ☆

格局

運勢不好，但因為您內心充滿想要有所作為的企圖，所以產生矛盾和反叛的心理，行為也顯得乖張，是火爆浪子的類型，而且有刑傷的可能。

事業

您的機會不理想，甚至阻礙重重，所以您在公司裡，會和眾人交鋒，與眾人為敵，因而遭受挫敗，甚至遭受事業的巨大衝擊和破敗。不然，您可能轉向不正當的行業尋求發展，但這樣的結果也只是招致龐大的風險和犯罪而已，「搖擺」只是一時的。

財富

您從不節度金錢的支出，並在缺錢時隨意舉債，因而現在遭受脅迫逼債，並可能因而遭受傷害。您也可能企圖以投機的方式來一夕致富，但因為運勢不好，所以立刻血本無虧。

愛情

您是個敢愛、敢恨，感情衝動而又濃烈的人，所以家庭式的婚姻與愛情並不適合您，而您也傾向沒有束縛的感情模式，所以如果您已經有伴侶了，會向外發展，有家暴傾向，成為負心漢或女王

蜂。如果您還沒有伴侶，您會尋找的是感官的刺激，而非真愛。

學業與科名

當然非常狼狽，因為您完全沒有心思在功課上，同時會透過不正當的方法來考試，結果當然不會如您所願。至於文書、企劃、創作方面，因為您只是在宣洩不滿的情緒，而非提出見地或策略，因此還被列入黑名單。

人際

您已經是不折不扣的壞人，惡名昭彰，人人生畏，不過您似乎很享受這種感覺。

愛的小叮嚀

就某方面而言，其實您是有天分的，但因為沒有發展的空間，轉而顯露出攻擊的特性。但此時，您也在自問生命的意義和存在的價值？因為您已經感覺到強烈的虛空和不安全感。建議您應該信仰佛教，因為它能幫助您思考這些問題的真義，降低您的暴戾，進而降低您的刑傷。

紫微破軍

★ ☆ ☆ ☆ ☆

格局

不太妙，運勢恐怕會很糟糕喔，除非您已經在佛教的真諦裡，修練了人性，降低了暴戾，否則會因為您的怨懟、不滿和破壞性的行為，而招致刑傷與破敗。

事業

因為在事業上沒有詳細的規劃，盲目的擴張，終於嚐到樓塌台倒、一片分崩離析的慘狀，而且您還會在接踵而來的事件中受到刑傷，看到眾人因您而哀嚎遍野。

財富

資金的缺口已經足以毀滅您了，而且追討債務的聲浪如排山倒海而來，已經快要將您淹沒滅頂了。您也有可能因為投入資金做投機事業，而觸犯法令、與黑道結上樑子，因而展開亡命之途。

愛情

您的感情衝動，陰晴不定，所以您的伴侶無法忍受跟您在一起，否則必須忍受您的暴力相向，而您也喜歡野草，不愛家花，因而有遺棄伴侶的可能，媲美現代陳世美。如果您還沒有伴侶，您不會希望成家，如果因為一時衝動而結婚，這段感情將備受考驗，並

不被眾人看好。

學業與科名

因為在學校您已經「黑到底」，所以早就豁出去了，甚至還不知道自己是否被退學了？說不定還忘了自己是個學生。至於文書、企劃、創作方面，您沒有創作的能力，不過「畫虎濫」的功力卻是一流，由於這樣粗濫的前置作業，所以您也會面臨巨大的危機。

人際

您像是「惡龍集團」的成員，遭到通緝與追捕，並亡命天涯。

愛的小叮嚀

因為您的桀驁不馴、叛逆心理，所以才會有今日的下場，人在成長的過程中，因為對惡人往往敢怒不敢言，因而養成您以為使壞可以解決問題、獲得利益的偏差觀念，但事實並非如此，因為天道循環不爽，不是不報，只是時辰未到，您需要在佛教裡領悟更多人生的道理。

天機太陰

★ ★ ★ ★ ★

格局

Great！您聰明過人，天縱英才，並散發明星般的光芒和氣質，不知迷煞多少人嚕！您會到外面遊歷，並因而獲得無限的機會，可做跨國機構幕僚長，真是才貌與智慧兼具的化身！

事業

您憑著卓越的智慧，加上無與倫比的慈愛氣度，將事業往上提升到一個難得的境界，雖然這不是開疆闢土或攻城掠地的武功事業，但卻堪稱是文治的治世。

財富

簡直美妙極了！您的財富好像江水滾滾而來，而且這個財富不是死財或守財而來，而是透過極為精密的計算與分析後的投資獲利，所以還是屬於正財，更難能可貴的是，這個錢財還都能存到自己的戶頭去孳生利息，不會再發散出去，所以能賺能守。此外，您也會運用這筆錢為自己打造極為舒適、典雅的生活。

愛情

簡直和偶像劇沒什麼兩樣，雖然您有充分的運勢來經營事業，但對於愛情，您並不疏於經營，您崇尚羅曼蒂克、纏綿悱惻的愛

情，並陶醉在相互的追逐、傾訴和心靈的感覺裡。如果您還沒有伴侶，您會遇到一段浪漫的感情，對方正是您夢中情人的樣子，您會有完美的結局。

學業與科名

諾貝爾文學獎實在非您莫屬了！您在文藝方面的表現簡直猶如唐伯虎再世，才華洋溢，叫人又感動又傾心，理科的表現也很傑出，因為您頭腦清楚、思路敏捷，並擁有高超的分析能力。至於文書、企劃、創作方面，當然更不用說了，您亮麗的作品炫麗得大家睜不開眼，如果不給您破天荒的佳績，都覺得會遭到天譴，所以您可以因而得到龐大的機會和利益。

人際

一方面您是大家的心靈導師，一方面又是大家的明星，眾人如眾星拱月般的圍繞著您，享受您給予他們的溫馨，您是觀世音菩薩的化身吧！

愛的小叮嚀

好美呀，又有發揮能力的機會，又有濃得化不開的愛情，好像王子、公主的童話再版，不過運勢是在外面喔，所以您應該到外面去遊歷遊歷，這樣機會才會無限開闊，如果一天到晚躲在屋裡，雖然還是有好運會降臨，但就沒那麼豐沛了。

天機太陰

格局

哇，運勢不錯喔！您外出會遇到機會，是屬於高級幕僚型的機會，因為您的聰明、氣質、亮麗、活潑、公關能力討人喜愛，並且能將事情處理完善，所以贏得這樣的機會。

事業

您會運用您的智慧和美感，將事業的層次大幅提高，雖然沒有改變以往的產業領域，但卻是意境與理念的重大突破，同時，您個人的魅力和公關手腕，也為此加分不少。

財富

表現不錯，您不是守財奴，不過也不是賭徒，您會在精密的計算後，謀而後動，所以處理的投資案大多能有盈餘，您也會將收入做適當的儲存，所以也能守住財富，然後您會用這些錢財好好享受人生。

愛情

您能享受兩性間的溫柔與纏綿，並討厭粗暴的行為，所以您會經營一個有典雅氣氛的愛情活動，讓雙方沈浸在愛河裡，不過因為您是這麼優雅，所以許多異性會喜歡您，您的另一半可能因而有些

吃醋喔！如果您還沒有伴侶，會很有異性緣，您並且會因而墜入純純的愛河裡。

學業與科名

成績可以名列Top10，文科與理科的表現都不錯，可拿到A。至於文書、企劃、創作方面，您的作品很搶眼，細緻、明確、文思泉湧、見解精闢，所以會被採納。

人際

您有智慧、良師、益友、明星的氣質，所以大家喜歡跟您在一起，而您也享受這種寵愛和仰慕。

愛的小叮嚀

原則上，您的事業成就是來自於能以智慧、魅力、公關能力來影響別人，非而有特別的霸權或威勢，所以您應該持續保持這種優雅的權力與領導模式，不過，因為您受歡迎，所以會有異性愛慕您，此時您也應該把持住，否則會傷害到您的形象，進而嚴重傷害您的影響力。

天機太陰

★ ★ ★ ☆ ☆

格局

您是智慧與亮麗類型的人，您會到處尋找可以發揮所長的機會，而且您的公關專長和個人魅力也有加分效果，不過，由於運勢普通，所以成果並非如您所想像的那麼優，不過沒關係，人生本來就是不斷探索的過程，這個道理，聰明如您，應該能夠明瞭。

事業

您是屬於幕僚類型的人，所以往往不會有太強的冒險勇氣與披星戴月的刻苦精神，因此，您的成功與否，往往關鍵在於主管能否重用您，這是您的特徵，因此，您必須與主管建立好的關係，並因而博得他對您的信任。

財富

您當然不會死守著一點錢不放，所以您其實不斷在找尋可以投資致富的機會，不過因為機運沒有太強，所以所得並不豐厚，只是比一般狀況好而已。另外，您對自己過舒適生活的投資不會太吝嗇，這部分是屬於消費，而非投資的。

愛情

您喜歡浪漫的愛情遊戲，當浪漫消失時，您便容易厭倦，所以

很容易因而變心再去尋找另一段浪漫，而且因為您的異性緣不錯，所以這個機會大增，原則上來說，您是個好情人，但不是個好伴侶。如果您還沒有伴侶，您不會依循愛情遊戲的模式去談戀愛，所以穩定的機會並不高。

學業與科名

中間偏上，雖然您心思細膩，但心神有點無法安靜下來，窗外的春風都為您吹拂，百花都為您綻放，所以在這種情況下，成績當然不會有太傑出的表現。至於文書、企劃、創作方面，也是中上成績，雖然表面上您的文采不錯、架構完整，而且思慮也清晰分明，不過因為不能深入、掌握精髓，所以留下一點缺憾。

人際

您有明星的樣子，所以很討人喜歡，這是您優勢的地方，不過因為您暫時無法成就更高的事業，所以別人對您的喜歡也僅止於此，不會因而轉成崇拜。

愛的小叮嚀

這個運勢缺點在於您的心情有浮躁、悸動的現象，因此，您無法將自己的優勢表現得淋漓盡致，此外，因為您不是獨自創業的類型，所以您在很多地方要受限於您的上司，您不會和他起衝突，但一定要試著讓他信任您，這樣才能爭取更有利的空間。

天機太陰

★ ★ ☆ ☆ ☆

格局

您的運勢並不理想，加上個性有點敏感、見異思遷、浮動、沒有耐力的現象，所以運勢會更顯輕浮，甚至因而有憂鬱和精神不寧的傾向。

事業

因為沒有足夠的發揮空間，加上沒有足夠的耐心，所以您顯露出變動的態度，這個態度不會令您的主管重新思考如何重用您，而且適得其反，他會因此不喜歡您，甚至與您「變臉」，所以您的事業會呈現出破敗的跡象。

財富

您不會甘於一份固定的薪水，但也不會用勞力與辛苦去換取金錢，所以您會選擇用投資的方式去得到財富，不過因為運勢欠缺理想，所以這時的投資會失利，甚至因為沒有好的切入點，但仍勉強出手，因而變成投機，這樣的損失更為慘重。此外，在奢侈品的購買上，您也往往不會手軟。

愛情

您有點負心的傾向，因為您不甘於一份安定的感情，總是喜歡

新奇和浪漫的感覺，但久而久之，感覺必然會消失，這也是您變心的時候了。如果您還沒有固定伴侶，很可能會劈腿，同時周旋於幾個異性之間，但您也因而經常搞得自己心神不寧，甚至付出代價。

學業與科名

不甚理想，因為您無法專心致志，所以就無法在課本上下功夫，此時您會想要作弊，不過被逮到的機會很高就是了。至於文書、企劃、創作方面，也因為您的心神不寧，無法將理性的智慧表現出來，所以作品給人凌亂、情緒、作假的感覺，因而留下非常糟糕的印象，甚至影響您的事業。

人際

您的神經質和猜忌心，乃至不能忠貞的態度，無法使朋友相信您，甚至懷疑您的人格特質，所以雖然您有些外表上的優勢，但卻令人覺得您是美麗的蛇蠍。

愛的小叮嚀

心理會影響生理，這是必然的，所以敏感且容易受傷的您，也容易因而引發憂鬱症和一些精神上的症狀，不過還好的是，情況其實還在可以預防的範圍之中，所以解決之道是，您可以找尋好朋友、輔導老師、專業人士的協助，希望他們給您一些心理上的幫助，而您應該學習往光明、積極的方向看，一念是天堂，一念是地獄，全在自己一念之間，不是嗎？

天機太陰

★ ☆ ☆ ☆ ☆

格局

運勢超低的，敏感且脆弱，多疑且猜忌，會有明顯的精神功能症狀發生，雖然這不是血光或刑傷，但對身心的傷害卻是相當痛苦的，有些人就是在這種情況下，再接受刺激時，便容易因一時衝動或厭煩而自殘或做出傻事。

事業

本來就容易破敗的運勢加上不濟的精神狀態，使得事業瓦解，但這個事業的衝擊不是猛烈而一發不可收拾的，而是一件一件，接二連三地冒出來，不斷折磨您，導致您精神崩潰。

財富

因為不當的投資終於使災難像決堤一樣，到處氾濫，追根究底，在當初決策時，您就已經相當不理智了，而途中，您也沒有停損或避險的打算，所以醞釀成這股風波，這股風波不但是賭注型的，也是分析錯誤與操作失誤所致，您會因此而精神承受不了壓力。

愛情

因為心神不寧，加上您不能沒有異性，所以您的感情幾乎不會

安定下來，對愛情也沒有負責的概念，您會認為愛情是兩廂情願的事，沒有誰應該對誰負責。不過，這樣的感情態度，會為您帶來災害，並會因而產生精神折磨與分裂，別人會認為這是報應。

學業與科名

也是一團糟，因為您根本無法將智慧理性、條理、分明、清晰的表達出來，所以有如一團亂掉的毛線一樣，千頭萬緒，根本就是分裂與錯亂的徵兆。至於文書、企劃、創作方面，您也無法做出一份像樣的作品，只是塗鴉一樣的水準，因而遭受眾人的責難，甚至引發法律責任的追究。

人際

因為您平時就無厘頭，加上不知何時會歇斯底里，所以大家都對您退避三舍，以免遭到糾纏與波及。

愛的小叮嚀

精神狀態有問題，雖然您不會有強烈攻擊別人身體的行為，然而失控是可與預期的，另外還會因為將悶氣積鬱在心理，引發生理疾病，建議您除了請求老師、好友的心理輔導外，還一定要看醫生，千萬不要忌諱就醫，否則倒楣的終究是自己。

天機巨門

格局

真是要大大恭喜您了，運勢實在「大桔大粒」的啦！您的思路敏捷，舌粲蓮花，有如蘇秦六國封相，以縱橫家的才智與雄辯打下一江山，真是意氣風發到了極點。

事業

您會說服眾人支持您的政策，成為大家共同擁護的共相（不是共主），而且也因為您的謀略確實震古鑠今，前無古人，後無來者，足以為大家開創一片新的天地，因而成就無上的榮耀。

財富

這個財富是屬於得到犒賞所來，但這個犒賞卻是豐厚得不得了，不過因為您本身也極具謀略和變動性，不會安於平凡，所以會將得到的財富做轉投資，因為您擅於分析、見解精闢，所以也能因而得到豐厚的投資利得。

愛情

原則上您是個會運用計謀和言語打動異性芳心的人，再加上您本身有高貴的達人氣質，所以在情場上，總是能攻無不勝，戰無不克。不過，您似乎不是個安分的情人，因為您總是將愛情視為一場

狩獵，當獵物到手後，您又會去尋找新的對象。

學業與科名

實在是帥呆了！您可以戴上桂冠，接受眾人欽羨的眼光，因為您是如此天縱英明，只要隨便讀一下，就能拿到這麼優異的成績，別人又能拿您如何呢？文書、企劃、創作方面，您會像畢卡索一樣，有機巧的氣質與神秘的內涵，並且有智慧蘊藏其中，因而讓人深深懾服，連評審也不得不俯首稱臣。

人際

因為您卓越的智慧和口才能化解許多危機，提供別人許多建議，所以大家把您當孔明再世一樣的膜拜。

愛的小叮嚀

實在「有夠嗆」，但它的成就是來自諸多領袖對您的共同認同，因而讓您成為一個大整合案的執行長，所以您的權力是被授予的，而非自有的，在這種情況之下，您務必更戰戰兢兢地履行使命，如此才能確保地位的鞏固。

天機巨門

格局

您有不錯的智慧和口才，可以為自己爭取到不錯的表現機會，如果您願意付出更多努力，這個機會還有可能變成幾個單位所共同成立的專案，您可以以高級幕僚的姿態，爭取到良好的表演舞台。

事業

雖然您不適合獨自創業，但也不適合窩在平凡的地方，您應該外出，憑您的實力爭取機會，而且大有斬獲的機會相當高。

財富

因為事業的穩定成長，連帶的為您帶來不錯的財富，但您本身並不是一個守財奴，或守株待兔的人，所以您也一直在規劃自己的理財和投資，因為您頭腦清楚，加上運勢不錯，所以會有財富進來。

愛情

您對愛情的渴望不是白頭偕老型的，您有些孤單的心靈，只是希望透過愛情給您的生命帶來一些波濤，或證明自己的能力。所以，雖然您的愛情運勢還算不錯，而您也懂得如何去討對方芳心，但您或許缺乏一些真誠吧！

學業與科名

學校成績不錯，而且考運也不錯，如果再加把勁，得到獎狀、獎勵都是可能的。文書、企劃、創作方面，表現也不錯，您的作品展現出機巧、詭辯和智慧的特質，所以能吸引別人的認同。

人際

您聰明，您好口才，您有神秘氣質，所以大家把您當心海羅盤YA教授一樣看待，喔，YA！

愛的小叮嚀

運勢不錯，不過權力來源是因為獲得有力人士的授予，所以您千萬要記住，不能功高震主，也不能對主子有不悅的臉色，就好像聰明絕頂無人能出其右的諸葛亮在面對仁慈的劉備時都必須表現出臣服的樣子，何況我們的智慧不比諸葛亮，而一般主子的良善又不比劉備，更容易對您有所戒慮，因此要小心。

天機巨門

★ ★ ★ ☆ ☆

格局

運勢平平，但有一開始辛苦，成又不持久的傾向，而且因為個性上也有些孤僻，所以不容易解開問題的癥結，如果您能採取積極、樂觀的態度，對發展事業和拓展人際關係，會有很大的助益！

事業

您似乎無法得到家人的幫助，反而必須依靠主管的協助，但因為您雖然小有聰明與口才，但卻語言犀利，因而常在不經意間得罪人，實在是「小白」的上一級「大白目」，在得不到支援甚至有點被討厭的情況下，事業當然維持平平。

財富

不算好，先敗後成，成後又不持久，所以在財務處理上的勝算不高，但原則上您還是會想要動腦筋賺錢的，不過因為機運略低，所以效果平平，因此最好不要貿然執行各種投資或營利方案，否則會因心神不寧，不能明確判斷而折損。

愛情

您已經習慣孤獨了吧，您不會與伴侶分享喜、怒、哀、樂，雖然您並非不善言語，但有點孤僻，喜歡把心事藏在心裡，所以您的

伴侶也會因而感到與您有隔閡。如果您還沒有伴侶，您不會想要積極追求一段感情，如果有，也是荷爾蒙的因素。

學業與科名

表現普通，如果您能以開闊的心去與別人或老師討論功課，其實成績是可以大有提升的，所以關鍵原因是來自於您有些陰沉，進而無法與人討論功課所致。文書、企劃、創作方面還好，之所以不能拿到佳績的原因，也是因為您不願與更多人討論，或不能接受別人意見，尤其是在主觀以及價值觀的部分，更不會妥協，以致一些關鍵的地方，您不能做有效的突破。

人際

您的神秘或許說帶點陰沉，您的見解或許說有點不易理解，所以您是別人眼中的怪人，而別人則是您眼中的笨蛋。

愛的小叮嚀

不要太高估自己的程度，縱使諾貝爾得主也不是不會犯錯的，或者說，在超出自己專業領域的時候，您還是必須尊重別人的經驗。因為您的不耐煩所以會得罪主管和同儕，但這絕對只會使結果更糟，而不會使結果更好，所以您應該敞開心胸，以更光明的態度來看待人生。

天機巨門

★ ★ ☆ ☆ ☆

格局

運勢不太好，呈現破敗的徵兆，所以您最好轉攻為守，但這對您來說會有些困難，因為您本來就有滿腔怒氣無處發洩，所以安靜不下來，除非您能接近宗教，宗教能給您意想不到的寧靜。

事業

時運不濟，虞姬虞姬，奈若何？偏偏霸王又不肯放棄，所以結果會很嚴重。除此之外，您也有因為受到傷害造成刑傷的可能，所以不得不防備和收斂。

財富

沒有深思熟慮，甚至莫名奇妙地相信自己的第六感，所以在盲目的投資下，造成嚴重的傷害，而且這個傷害還可能損及您的心理與精神健康，您必須在朋友與師長的勸阻下，進行合乎理性的判斷才是良策。

愛情

就是孤獨，因此會有分離的強烈徵兆，這部分原因在於您疑神疑鬼，覺得對方歧視您、不忠貞，所以您會和他分手，但您會以極其不堪的語言去傷害您的伴侶，這個傷害直達靈魂的深處，他唯有

離開才能療傷，因而破鏡重圓的機會微乎其微，但您也會因而得到同樣的代價。

學業與科名

很糟糕，其實一個沒有智慧的人，他的絕望與傷害都有限，反而是有智慧的人，他的絕望與傷害會更深，正因為如此，您的課業超乎人家意表的爛。至於文書、企劃、創作，您讓人覺得人生是黑白的，充滿灰色、頹廢、悲觀、絕望，乃至神經質、慫動、死亡。您很容易變成梵谷，落魄潦倒，鬱鬱寡歡。

人際

您有心理或精神疾病的傾向，雖然您沒有攻擊性，但大家還是敬鬼神而遠之，以免掃到颱風尾。

愛的小叮嚀

您似乎並不會接受別人的意見，因為別人在您眼中都是不瞭解您的凡夫俗子，但您確實有接受輔導的必要，因為這時您的偏差和偏執，都已經到了會傷害別人和自己的地步，另外，您可以親近宗教，接近宗教會給您新的啟發，開啟您正確的人生智慧。

天機巨門

★ ☆ ☆ ☆ ☆

格局

喔喔，我必須誠實的說，您呈現完全破敗的徵兆，而且在身體刑傷、心理異常、神經受損上，有相當高的機會。所以您必須預防心情在極度低落與躁鬱時，做出不理性的行為。

事業

城牆已經塌陷了，您現在能做的，就是盡力減少傷亡並保住自己的生存意念，千萬不可因為絕望而走向絕路。

財富

討債的威脅已迫在眉睫，您已經別無選擇了，您極可能選擇一走了之，或一死了之，但這並不能解決問題，因為許多人仍須等您出面處理問題，所以您不能自私的只想到自己的解脫，任何危機都會塵埃落定，結果出現的時候，您必須生存下去，等待這個結果。

愛情

已經完全不剩下什麼了，只有無限的悔恨和孤獨，您坐在牆角一整個下午，甚至一整天，心情並不渴望出現什麼，因為哀莫大於心死，您已經心死，甚至連懊悔也不會了。如果您還沒有伴侶，您會如行屍走肉一樣，對愛情充滿絕望和痛恨，您強烈的排斥愛情。

學業與科名

老師、同學、學校都對您失望透頂了，您不是壞學生，卻是如此自甘墮落、自我封閉與放逐，因為您完全生活在自己的理念和想像裡，完全與現世脫節，好像是另一個世界的火星人。文書、企劃、科名也是一樣，您提出一份與現實脫節的東西出來，人家開會討論後確認您該送急診，檢查頭殼。

人際

喔喔，我們不是同一個世界的人喔，您對自己說，然後又躲回自己虛幻的窩裡去。

愛的小叮嚀

這呈現的是心智耗弱或精神喪失的徵兆，您會希望躲回漫無天日、一片漆黑的世界裡去，所以，此時如果您已經無法自拔，就應該由您的父母、親友來執行這項任務，因為拖延就醫，其實只是對您越不利，因為沒有人，包括您自己，知道您下一步要做什麼嗎？

天機天梁

★ ★ ★ ★ ★

格局

Good God（好神）！運勢相當旺盛，但也相當特殊，因為您一直在思索「生命」的問題，如果您從事的是一般世俗的行業，會因為賽孔明般的足智多謀與神機妙算而獨占鰲頭，並且也會因而獲得極大的成功。

事業

您可以在學術、哲學、宗教、公益事業裡獲得很大的發揮，頗有成為學術祭酒和宗教領袖的聲望，在一般企業則是以服務、教育為目的，並在助人的前提下得到發展，所以說您「好神」。

財富

如果您想要賺取財富，最好的方法不是營利，而是充份運用智慧和服務，成功之後，自有財富進來，但如果您是要籌措宗教或公益方面的活動資金和建立資產，則成果是相當斐然的，不但資金滾滾而來，最後還能累積一筆豐富的基金。

愛情

您有時風趣，有時穩健，所以帶給情人兩種不同的感受，您可以是個情人，也可以是個配偶，對方從您這裡得到快樂，也得到安

全感。如果您還沒有伴侶，可望遇到一位賢良的對象。

學業與科名

您彷彿文殊菩薩再世，好像有超級記憶體，而且理解能力和運算速度也超強，所以沒有學校功課難得倒您，連老師都對您甘拜下風，甚至私底下偷偷問您問題，當然得獎更是家常便飯。文書、企劃、科名也是一樣，您的作品成熟中卻有著無法言語的禪境，穩健中卻透露不可捉摸的玄機，除了直接頒發史上最優獎給您，還能說什麼呢？

人際

您有兩種特質，活潑但穩重，有智慧卻不老套，而且往往出奇致勝，所以每個人是以敬仰和學習的態度和您接近，喔，不，膜拜您。

愛的小叮嚀

您慧根超強，充滿慈悲與愛心，並且不以營利為目的，如果您是營利事業的人，也必定抱持著「服務」的態度來做事，因為您已感覺到，「施就是福」的道理，充滿善念，做好每件事，您是活菩薩！

天機天梁

格局

您的頭腦靈活，而且有服務大眾的熱忱，更因為能不計利害將事情做好，反而獲得別人的認同、支持，因而獲得成功。

事業

不是開創型，是智慧型，也是服務型，所謂「因為服務別人而成功」以及「成功就是能服務更多人」，您如果往這方面發展，會有不錯的成績喔！

財富

您其實並不是太在意金錢收入的多寡，反正生活開銷足夠，其他的金錢對您來說，並沒有特殊意義，不過，因為拓展事業的必要，您還是必須有些資金，如果您是基於善念的資金需求，多能達到所要的額度。

愛情

您可以在接吻的時候說笑話，但也可以在對方難過時激勵他，您不是善變，而是在不同的場合，出現不同的個性，異性往往需要這種伴侶，所以您愛情運還不錯。

學業與科名

您不管文、理、工、藝術等科目,都算不錯,可以拿到A,是不用老師操心的好學生。至於文書、企劃、創作也是您的強項,您的作品缺點很少,而且能展現另一種創新的意境,所以深受大家的喜愛和肯定。

人際

您不嬉鬧但也不老成,動靜得宜,是大家心目中可以解答問題的良師益友,大家都非常尊敬您。

愛的小叮嚀

您有佛緣,所以在行事上,也偏向慈悲為懷,並且不以營利為目的,如果您是營利事業的人,應抱持著「服務」的態度來做事,然後您就會感覺到「有施必有得」的道理,只要心存善念,做好每件事,原本屬於您的都跑不掉。

天機天梁

★★★☆☆

格局

原則上，運勢在事業上幫助不大，孤獨氣質強、不善與人競爭，所以無法掌握住好機會，倒是對宗教和學術有濃厚興趣，而這其實也是很好的事。

事業

您可以選擇比較靜態、需要用腦力的工作，這樣的工作比較適合您，您有文韜武略上的天分，可以好好發揮，但不適合和人一較長短，因為您的霸氣不是太強。

財富

您沒有特殊的財運，而您應該也要安於這樣的日子，並且還應該拿一點錢出來做宗教或救濟活動，其實這樣是很好的，知足的人才能常樂，汲汲營營對您不會比較有利。

愛情

有點乏善可陳ㄋㄟ，心中雖有綺麗的幻想，但表現出來的行動不夠積極，或開始時熱烈但隨後就冷卻了，所以愛情運平平。如果您還沒有伴侶，求愛行動指數偏低，因為您經常在愛與不愛之間游移不定。

學業與科名

都還能保持中上的程度，各科成績平均，所以老師、家長都可以對您放心，您也不會變壞，跟團體外出，最不會跟丟的那個人肯定是您。文書、企劃、創作方面，也是能維持一定的水準，您的作品大致完整不會出現大問題，而且還能隱約透露出新意，更增加人們對它的喜愛。

人際

因為您是和善的，雖然不會跟大家打成一片，所以大家還是樂於接受您，而且您能夠幫大家解答問題的能力，很受大家歡迎。

愛的小叮嚀

如果平凡和善良也是一種美麗的話，那您還真是美麗，本來人就不需要為了所謂的「成就」與人明爭暗鬥，甚至付出慘痛的代價，追根究底，這樣到底是得到的多？還是失去的多？能安於平凡有時也是一種福分，善哉！善哉！

天機天梁

★ ★ ☆ ☆ ☆

格局

乖乖，運勢算不好喔，但所謂不好，不是因為受到嚴重的打擊或耗損，而是整個運勢死氣沈沈的，好像一潭死水一樣，帶動不起來，久而久之，整個生氣不見了，自然也就荒蕪了。

事業

運勢走下坡，客戶流失，業務流失，整個公司戰鬥力趨近於零，好像在等日子要結束營業一樣，此時您雖然還會靈光一閃，想到拯救公司的方法，但一下子又像洩了氣的皮球一樣，提不起勁，跟大家一起往下沈淪。

財富

真是捉襟見肘，兩袖清風，雖然您的物質慾望不高，但對整個嗷嗷待哺的家庭而言，這樣的經濟情況終究是很大的壓力，所以您真的應該好好振作起來，不能老是這樣無關緊要，否則會拖累全家老小的生活。

愛情

您偶爾表現愛的需求，但大部份比較冷寂，而且也不會對伴侶傳達愛意，所以內心其實是很孤單、空虛的，您大部分的時間會寄

情在宗教或是沈思裡，只有極少部分的人會轉而偷吃，但這樣的案例極低。如果您還沒有伴侶，因為您看似對異性沒有興趣，所以大家叫您「王老五」或「老姑婆」，也習慣性的忘了要介紹對象給您。

學業與科名

　　普通啦，因為您沒有生氣，自然沒有讀書的驅動力，不過因為也沒有干擾您的重大外務，所以成績始終保持在不優秀，也不會不好的區間，剛好這段區間的人最容易被遺忘，所以沈默的您在不出聲的時候，人家會以為您是不存在的。文書、企劃、創作上，也因為表現普通，所以作品很自然被擺在不入選那邊，不過要處罰成績劣等的人時，您也自然不會被擺進去。

人際

　　平日請多發言，不然等到您發言的時候，人家會以為班上冒出一個陌生人來，還有，您可能有悶出憂鬱症的傾向。

愛的小叮嚀

您的角色很像櫻桃小丸子裡的那個貞子，其實您可以Fun一點，High一點，這樣您的際運一定會不一樣，此外，因為您與宗教其實相當有緣，您除了念經、打坐以外，還可以跟大家一起做些公益或服務活動，透過活動您會體認人生其實還是有動態修練的一面，而非只是死氣沈沈的一面。

天機天梁

★ ☆ ☆ ☆ ☆

格局

運勢雖然不是破敗的類型，但卻是充滿孤獨與分離，也就是充滿漂泊，同時情緒和心理也會有問題。

事業

您極可能會離開工作崗位，但又非常意興闌珊，所以也不會去找新工作，因此處在一種游離、失神、恍惚的狀態，有可能因而罹患憂鬱症，或做出自殘的行為，所以周遭的親友，此時應該給他最大的鼓勵和支持。

財富

因為財來財去，所以現在的您已經兩手空空，家裡的米缸也沒有一粒米了，不過愛面子與孤僻的您，不會向親友請求協助，因而會轉向現金卡、地下錢莊借貸，接著問題便會更嚴重。

愛情

您可能是性冷感，因為您對愛情一點憧憬都沒有，而這也可能肇因於您的情緒一向極為低落、負面、感傷所致，所以對兩個人的事充滿排斥和畏懼。如果您已經有伴侶了，慎防會分手，因為沒有人會受得了您這種活死人的個性。

學業與科名

您已經無法讀書了，因為您此時已經處於精神有點異於常人的狀態，所以您作弊，並且失風，名列退學或留級名單。在文書、企劃、創作方面，麥尬（My God），這是什麼創作？簡直跟猩猩做的沒什麼兩樣，所以您的作品被丟在地上踐踏，而您的眼睛在流淚，心也在淌血。

人際

您失魂落魄的晃來晃去，您家人不確定您是否還正常。

愛的小叮嚀

老實說，您靠自己的力量走出心理異常的機會不高，所以您能做的，便是勇敢的說出來，並尋求醫生的協助，還好並不是發生事業重大變故，或財務重大危機，所以您還能有充分調養的時機，勇敢的尋求協助吧！只有調理好身心後，未來的路才能再繼續走下去！

太陽太陰

格局

運勢好像聖誕老人一樣，響叮噹，響叮噹，響叮噹！身體上充滿能量，但又能在該冷靜的時候冷靜，外出能夠尋獲無限的好時機，同時也會建立輝煌的王國，但如果不外出的話，成就就會相對較低。

事業

您不是開創，也不是守成，而是處於積極運轉與汰舊換新的狀態中，公司會因為您的運轉而除舊佈新，邁上頂峰，您彷彿聖嬰再世，展現無量的光芒、影響力和成就。

財富

也是頂呱呱的啦，是「財官雙美」，能夠獲得巨額的財富，而且這個財富還能累積儲存起來，不是虛有其表的帳面數字。至於財富的來源，除了事業成就的收入外，還因為您能夠靈活的處分資產，而且財運亨通，因而在轉手或投資間賺到大筆利益。

愛情

雖然您的伴侶氣質高貴大方，您也愛他，但因為您的遷徙性很強，所以沒有足夠的心思來溫柔的照顧伴侶。如果您還沒有伴侶，

雖然可以遇到才貌雙全的對象，兩人也情投意合，但因您驛動的個性，所以會有些許觀望的心態。

學業與科名

哇咧真是好到不像話！不但勇奪冠軍，還遠遠勝過第二名許多，所以直接跳三級保送第一志願，不只如此，文、理、工、藝術等科目無一不精通，真是魁星特別保佑。至於文書、企劃、創作方面，您的作品剛柔並濟、陰陽相生，所以給人一種生生不息的震撼，並因而獲得事業上的大好機會。

人際

您允文允武，恩威並濟，有無上的權威，且又有慈悲的心懷，因而獲得人們真心的尊敬。

愛的小叮嚀

事業運勢極為殊勝，同時又能威德兼用、動靜合宜，所以能夠除舊佈新，將事業帶到一個新生的絕佳位置，不過，與親人之間的感情雖然濃厚，緣分卻較為淡薄，所以您應該多花一點時間去關心他們，因為他們也需要您真心的對待和關懷。

太陽太陰

格局

外出能夠獲得發展的好機會，而且在精神和體力上，您也精力充沛，喜歡往外跑，但也有心思細膩的一面，能夠出去遊歷是不錯的選擇。

事業

您有除舊佈新的能力和機會，所以此時不應該再因循舊制一成不變，如能引進新的觀念和做法將事業做一番改變，必能為事業奠定未來發展的良好基礎，不過這並不是要您從頭開始的意思，而是要改革。

財富

也是不錯的，在地位和財富方面都能有所成就，而且相得益彰，同時，因為您投資的手段高明所以也會因而獲得利益。不過因為您的個性是屬於驛動的，所以在外出方面的支出，會比較龐大。

愛情

因為您的個性驛動，所以在愛情上是屬於情深緣淺，對小孩和家人的情況也是一樣，所以有改進的必要。如果您還沒有伴侶，因為您喜歡像日、月、風、雲一樣的自由、不受約束，所以愛情雖然

有來，但卻容易從指尖消逝。

學業與科名

表現很不錯，而且各科發展均衡，在功課上不用老師和父母操心。至於文書、企劃、創作方面，也獲得很好的評價，您的作品兼具文武特性，可攻可守，所以深獲眾人的青睞。

人際

雖然您原則明確，但卻有悲天憫人的情懷，因而善惡分明，喜歡幫助弱小，因而獲得大家的尊重。

愛的小叮嚀

運勢因為是屬於驛動性的，相對也有許多繁瑣的交接、更替、衝突發生，當然這些都不是嚴重的問題，因為在您的堅強毅力下，這些都是可以克服的，不過卻因此帶給您煩躁的心情。安啦，把眼光放遠一點，這些都是成就大事業必然會經歷的阻礙，根本不用放在心上。

太陽太陰

格局

您的運勢算是普通，但卻有點雙重個性，有點孤獨，不喜歡受到拘束，對自己善變的情緒有時也無法理解，同時無法安定在一個固定的環境中，所以會有不安、想要出走的情緒出現。

事業

工作運勢平平，但有驛動或調動的傾向，好壞暫時仍無法分辨，但您會企圖解決這個問題，可是因為沒有獲得足夠的授權和支持，所以成效並沒有立即彰顯出來，但還好，一切都還在正常運行中。

財富

您偏向透過財務操作來獲得利潤，不過因為財運普通，所以成效並不突出，而且也有財來財去的徵兆，所以在盈虧互見下，算是平平，只有一些些若有似無的蠅頭小利。

愛情

您和伴侶還有親人之間，似乎有些隔閡，因此彼此不熱絡，似乎成了常態，其實這不是一件值得鼓勵的事情，您還是必須去找尋解決的方法，或者，問題並不嚴重，只是彼此之間因為少親近而多

了一些生疏而已，只要加把勁，問題就能迎刃而解了。如果您還沒有伴侶，不易有新的戀情機會和進展。

學業與科名

表現平平，因為您的個性不穩定，而且有驛動的心思，所以無法專心讀書，因而無法表現出好成績。至於文書、企劃、創作方面，也沒有突出的表現，因為您雖然有創意，但無法成功表現出穩定的結構、細膩的感情，所以只得到普通的評價。

人際

在別人眼中您略有雙重個性，無法堅持完成一件事情，不過也不會對團體帶來危害，而且還有一點喜歡幫助別人，所以一切尚可。

愛的小叮嚀

運勢普通，不過您要注意的是應該好好磨練自己的EQ，並培養自己的耐力，而且最好不要見異思遷，應該「心頭掠乎定」，這樣凡事運作起來，反而會顯得更加順暢，如果一直處在搖擺不定之中，不但您自己會覺得矛盾，同時別人也不知如何交付任務給您。

太陽太陰

★ ★ ☆ ☆ ☆

格局

運勢算是不好，諸事不順，每每無事奔忙，操勞無成，與親人間也有隔閡，除此之外，凡事也都存在不穩定的危機，所以令您一直身心不得安寧。

事業

事業明顯在走下坡，所以您的情緒會處在孤尅之中，而且也可能有刑傷的事發生，這時您會有逃避的念頭產生，但這樣是不負責任的，如果現在勇於面對，事情還有轉圜的餘地。

財富

有散財的現象，而且因為財官是連動的，所以在財運和事業運方面都呈現毀傷的情況。除此之外，因為不當投資所引發的連鎖效應，也正在浮現，所以您一時無法招架與應付。

愛情

您會和情侶分開，雖然這不是劇烈的毆打所致，但雙方的隔閡與恩怨已經到了暫時分開反而會好一點的地步，其實，如果分開能讓彼此冷靜下來，未嘗不是好事，總比等到傷害發生無法解決再含恨分手好，不是嗎？

學業與科名

完全無法展現在校成績，而且還會引來不好的名聲，應該是您的情緒失常或作弊所致，並因而招致校方的處分。文書、企劃、創作方面，您的思慮混亂，無法完成作品，所以招致別人的指責，甚至有引發經濟損失的可能，此外，您也可能因為抄襲而引來重大的災難。

人際

您經常處於雙重性格的狀態，而且因為十分缺少穩定性和向心力，所以被列在準備淘汰名單，岌岌可危。

愛的小叮嚀

運勢屬於衰、孤，並在身心上有些傷害，人在這個時候，往往陷入精神的失智與混亂中而不能逃脫，真是所謂的「當局者迷」，所以建議您，先跟家人修好關係，再者，就是委託專業人士先來幫您處理問題，讓問題的嚴重性停損，然後再來好好考慮出路。

太陽太陰

★ ☆ ☆ ☆ ☆

格局

哎呀呀，在衰亡、孤苦、刑傷三個利空因素的衝擊下，恐怕會過得非常辛苦，也因此您也有跑路、精神疾病發作的危機。

事業

您的辛苦成果可能在一夕間全部豬羊變色，被奸人竊奪而江山易主，譬如合約上的陷阱、豪賭被設計、為人做保，或時運不濟被人篡奪、天災人禍等等，都可能發生這種災難。

財富

能散不能聚，能破不能成，所以與金錢無緣，若強行索取，則會衍生諸多意想不到的刑傷，亦即因財惹禍，同時也可能因為一點機緣，結果卻釀成無法收拾的災難，好比一根煙蒂卻釀成大禍一樣，但煙蒂其實只是導火線，真正的原因在於本身就是充滿危險的易燃體。

愛情

呈現極端的孤獨，與伴侶和家人之間非刑即剋，所謂「刑」就是會有災害，所謂「剋」就是相斥、衝突，乃至暴力相向。如果您還沒有伴侶，就是人說的「剋夫運」、「剋妻運」，這種說法當然不

能相信，不過卻用來表達伴侶間極端的無緣，所以姻緣不會成，乃至有災難。

學業和科名

好像天狗食日、烏雲蔽月，原本的光彩不見了，不但光明盡失，更會引發恐慌和衰敗的連鎖效應，因此在功課上有面臨被退學的厄運。至於文書、企劃、創作方面，除了作品失敗外，也讓人感到非常的絕望和不適，因而被列為拒絕往來戶，並斷絕日後的合作關係。

人際

因為您個性的陰晦，並在無意間具有破壞性（您不是故意要破壞），所以別人視您為掃把星，實在非常不願意親近您。

愛的小叮嚀

日月無光、草木變色正是這個寫照，這痛苦當然是常人所無法理解的，此時，勸您應該開朗、不要想不開等，想太多都是多餘的，但倘若您能預知這樣的運勢，應該事先懂得低調、保守，不要妄加擴張，好讓自己遠離一切風暴，平凡就是福。

太陽巨門

★ ★ ★ ★ ★

格局

運勢真像吃了威而剛，乒乓叫，有一夫當關、萬夫莫敵的王者氣勢！一方面您能有積極、光明的態度，一方面又能擁有深沈不為人知的智謀，所以相得益彰，因而所獲得的成功，甚至足堪富蔭三代，其偉大可想而知！

事業

您的成功絕對是靠「競爭」而來，所以其中的波折和艱辛，也是可想而知，不過您卻會沈浸在這種競爭的樂趣中，如果叫您不要競爭，您反而覺得人生沒有樂趣，另外，與異族交往或交易，成功的機會越高。

財富

「慶甲掠袂條」，正財與偏財都有，所謂的正財是您與人競爭因而「贏者全拿」，獲得可觀的巨額財富，這不只是經商、投資而已，也有征戰的意味。偏財意指您還能獲得額外的資產，如果您可以做國外投資或商務，也可以獲得巨額財富。

愛情

感情平淡但可維持和平，您與伴侶的感情甜蜜度普通，雙方各

自保有發展的空間和事業，如果不要相互干涉和介入，雙方的感情可以維持的更好、更久。如果您還沒有伴侶，您偏向喜歡大方、亮麗的異性，說不定還有異國之戀發生，不過，這當然都是獨立性很高的戀愛模式。

學業與科名

有揚名國際的機會，真所謂「真鰲、真鰲，出國比賽，得冠軍，帖金牌，光榮倒轉來」，學校功課各科成績不分文、理、工、藝術、運動等科目都很突出。至於文書、企劃、創作也不遑多讓，您能提出完善的謀略、進攻的政策，由於天衣無縫，極富競爭力，因而獲得全數通過，頒給滿分。

人際

因為您有謀略又有競爭力，能夠帶領大家進入一個新的境界，所以受到眾人像神一樣的膜拜。

愛的小叮嚀

運勢如往國外求，或與異族合作，會更相得益彰，不然的話，也是要與人競爭，競爭者越多，表示商機越好，或投入的資金越高，所以贏者全拿的金額也就越高，這樣的運勢「不是常常有的」，所以可以把握這個機會衝高業績、佔領版圖。

太陽巨門

格局

運勢不錯，您能運用智取，又能力取，所以成功機會高，這時您可以放大視野，向國際進軍，可望再獲得勝利。

事業

您要從事競爭性十足的行業，才能將潛能發揮出來，您可以在眾多競爭者中脫穎而出，雖然不能獨霸天下，但也算獲得豐富的利益。

財富

因為事業的成功，讓您賺進不錯的利益，所以，您將庫存的金錢再轉投資，也獲得可觀的收入。因為有異族的緣分，所以您可以考慮向國外經商、投資，獲利率會更高。

愛情

您與伴侶維持平淡的關係，現代人講究自由，不喜歡被約束，所以伴侶間的自由度越來越高，也越來越不必相互依賴，您的情形大致就是如此。如果您還沒有伴侶，您也是喜歡大方、直接的異性，這樣彼此就可以不用花太多時間在猜測對方，但這樣的感情，當然也不是熱烈的，所以也不確定是否已經穩定了。

學業與科名

各科成績都非常不錯，可以拿到A，如果您再加把勁，要拿獎學金的機會也是有的。文書、企劃和創作方面，成績也很亮麗，您的作品因為剛柔並濟，同時兼具謀略與攻擊性，所以深獲大家的喜愛，因而會被採用。

人際

足智多謀的您，同時又兼具攻擊力，所以會得到夥伴的信任，而您也頗有大將之風，可以帶領大家。

愛的小叮嚀

各項運勢都不錯，唯獨在愛情和感情上，呈現孤獨的運勢，所以您會有忽略家人和小孩的可能性，其實這樣的結果當然並不是十分完美的，因為縱然您有很多財富，並將財富全部留給孩子，可是您的孩子卻對您沒有深厚的感情，試問，這樣的努力不是很孤獨嗎？

太陽巨門

格局

運勢維持中等，事業上只有小幅度的進展，不過卻暗潮洶湧，同仁之間有暗自較勁，與明爭暗鬥的跡象，人人各懷鬼胎。

事業

您身處的行業十分競爭，因而您花了兩三倍的精力經營事業，可是卻只得到若干的績效，在這麼競爭的環境中，您需要敏銳的嗅覺，能更早感應流行的趨勢，或引進國外的商品和熱潮，這樣才能提高獲利。

財富

因為事業的發展平平，所以在本業上的收入也當然就So So了，此外，您業外投資的Case，也沒有積極的獲利，所以有點忙碌卻收益平平的感覺，如果您考慮參加或引進國外的商品，獲利應該可以提升。

愛情

您與伴侶的關係有點無奈，既很無趣、無味，又經常有口角發生，好像天生的不是冤家不聚頭，所以您們之間會有意無意的避開對方，以減少衝突。如果您還沒有伴侶，不易有戀情發生，您寧願

回家看A片或打野食，也不太願意去沾惹感情的事。

學業與科名

可以維持中上，其實，如果您可以透過贏過假想敵的方式來自我激勵，成績一定會大幅提升，您功課要進步的方法，就是要刺激您去贏過討厭的人或競爭對手。文書、企劃、創作方面，您的作品有中上的水準，不過因為您「主戰」的味道太濃，所以有些矯枉過正，因此，您應該以平靜的心態，來分析面臨的問題。

人際

您一方面可以幫助別人，一方面也將大家都當成競爭對手，因為您認為競爭是對的，並不需避諱，您的想法或許沒錯，只是大家一時無法接受。

愛的小叮嚀

您會有競爭性，但因為時運平平，所以戰鬥指數暫時不會太高。但我們更應該瞭解一個道理，競爭對手，永遠是在外面，因為利益永遠是在外面，而不是在裡面，因為裡面沒有市場、沒有業績，如果在裡面搶客戶、爭寵，都是不成大器的做法，真正的大人物會以偉大的功蹟來證明自己，而不是以打擊同伴來證明自己。

太陽巨門

★ ★ ☆ ☆ ☆

格局

運勢有些衝擊，並帶點孤剋，不過還好破敗的跡象較輕一點，所以如果能做有效的預防，應該可以防止危機的蔓延和擴大。

事業

「競爭」已經白熱化了，所以這時的負面手段和破壞開始產生，而您也不是省油的燈，所以雙方在這場競爭中，都付出慘痛的代價，並受到社會大眾與輿論的指責。

財富

割喉戰的結果，不但使您的財富蒙受重大的損失，而且傷害程度很難復原，所以短期內您不會再有重大的行動，至於業外投資，也因突發事件，使整個局勢、行情往下慘跌，所以您的部分也慘遭腰斬再腰斬，最後只剩下一些老弱殘兵在風中飄零。

愛情

運勢算是糟糕，您與伴侶的戰爭不但已經開戰了，而且還波及到雙方的家人和家族，變成兩個家族的戰爭。如果您還沒有伴侶，您在外面打野食的時候，應該避免因禍惹災，因而成為媒體追逐的焦點，記者還會問您：「您為什麼要把頭矇起來？」

學業與科名

成績低劣，還作弊，面臨退學的厄運，可是您好像沒有後悔的意思，還一直為自己的錯誤辯護，所以激怒了更多人，也使事情更難解決。至於文書、企劃、創作方面，成績不好就算了，您還極有可能被揭穿作假、偽造，或以不正當的方法護航，因而成為醜聞被揭發。

人際

您不受歡迎，大家覺得您是一個喜歡干涉別人、口舌是非很多的人，而且喜歡指責別人，可是以您的身分而言，您根本不夠資格這麼做，所以好像瘋狗一樣。

愛的小叮嚀

因為您個性上有喜歡作老大、不服輸的心態，所以才會處處與人爭長短，也因而才會捅出今天這個摟子。您可以透過接近宗教來改善自己個性上的缺點，因而降低風險的衝擊，不過最重要的當然還是，您應該體認「謙虛」的重要，如果您能做到這點，人生就彩色一半了。

太陽巨門

★ ☆ ☆ ☆ ☆

格局

確實很糟糕喔！因為運勢非常不佳，加上您喜歡與人爭長短的個性，終於使自己走向死胡同，您經常霸道的指使別人，若別人不從，您就會打擊他，以證明自己的優越，但結果就是群起圍攻，讓您永不翻身！

事業

您已經徹底失敗了，甚至連東山再起的機會也被斬斷，所以您最好從此非常低調，等到局勢轉變再說。

財富

好像洩了氣的皮球一樣，再多的錢也無法填滿，最好的解決方法就是您應該立即斷尾求生，或宣布破產，以停損的方式停止缺口繼續擴大，以爭取可以緩衝的時機。

愛情

雙方家族已經扯入這場婚姻或感情的糾紛，所以波及的範圍頗大，記者也守護在您家門口，隨時要讓您免費上電視，並問您機智問答，諸如：「您現在感覺怎樣？」其實，您現在真的很想死。如果您還沒有伴侶，最好不近葷腥，以免無端的因色惹禍。

學業與科名

真是狼狽到極點，正是所謂「好事不出門，壞事傳千里」，或許您已經接到退學通知或法院出庭通知了，之所以會有這樣的結果，純粹在於您用不正當的方法想獲得成績或聲望，事後並以強硬的態度處理事件，所以結果反而成為醜聞，像連續劇似的在電視上不停重播。

人際

連老虎都怕您，因為您是一隻臭鼬。

愛的小叮嚀

良性競爭是好事，但如果競爭成為惡性、負面的話，便成為「鬥爭」，而鬥爭便會引發傷亡和極大的耗損，之所以會有這樣的厄運，便是鬥爭失敗的下場。因此，事前您就應該避免去參與這場鬥爭，否則後果任誰也無法掌握，所以您可以去佛寺住一陣子，找法師開導您的人生觀。

太陽天梁

★ ★ ★ ★ ★

格局

OMG（Oh, My God）！真是有如羅漢下凡，散發無限光芒，澤福蒼生！不但凡事逢凶化吉，而且散發智慧、正義、同情之光，彷彿菩薩再世，如果您能好好把握運勢，一定能創造豐功偉業，成就仁民愛物的大志業！

事業

這不是創業或開疆闢土的類型，而是在哲學、學術、思想、法律、宗教上，能深刻啟發人生的格局，如果您在公家機關上班，必然能為廣大的百姓謀取無上的幸福，如果您在私人企業上班，這時提供出來的服務和企劃，會對公司與消費者有深遠而極大的貢獻。

財富

您可以因為工作成就或智慧財產而獲得豐富且正當的利益，不過，額度不會大到大富大貴，但卻相當有保障而且優渥。如果您想獲得更多財富的話，必然會違背淑世宗旨，不但會喪失本分和原則，也會成為人格和生命的污點，所以您不要去考慮財富的問題。

愛情

您道貌岸然，因為這樣，才能夠隔絕世間的誘惑，成為清白的

世間正義主持人。雖然您很關心伴侶，給他富足的生活和心靈，但在溫柔和情意方面卻是比較不豐富的，但是您伴侶能體會您的狀況。如果您還沒有伴侶，您的交往前提是因為這樣是履行倫理道德所需要的。

學業與科名

真是散發無限的光芒，您的各科成績都可拿到A^{++}，在哲學思想方面的成績，更是直逼當代大師的水準，讓人們發聵啟聾，感動的流下淚來。在文書、企劃、創作方面，您以天下蒼生為己任的恢弘態度，規劃一個完美的藍圖，並且深具魄力和可行性，所以能獲得評審一致起立鼓掌通過，並直接頒給史上最佳作品獎，讓您獲得無上的榮耀。

人際

您有如從虛空中來的智者，指引大家正確的路，開啟大家的思想，所以眾人膜拜您的虔誠也無與倫比。

愛的小叮嚀

除了有如神助外，您還掌握判決的權力，所以能夠一言九鼎，並成為仲裁者。但這樣的身分其實是需要更多的道德和自律支持，否則很容易出現瑕疵，反而成為眾人攻擊的對象，因此您務必要有超高標準的道德與自律，如此才能圓滿完成任務。

太陽天梁

格局

您很重視道德和品格，同時也注重公共和眾人的利益，如果您能堅持這種光明的態度行事，也會獲得人生的成功，您不適合汲汲營營，當然更不適合用市儈的手段來處理事情。

事業

您會為大家提出一個可行的方案，您可以負責督導這個專案，因為這個運勢是偏向擁有彈劾、裁量和指導權，當然您也可以擔任高級幕僚，但您會偏向用謀略、分工和督導來取勝。

財富

您的財富來源建築於正業的收入，絕對與偏財無緣，如果與不義之財扯上關係，還會惹禍上身。您的智慧也會給您帶來正當的財富，譬如上課、演講、著書、創作、得獎、補助等，不過您不要因而太在意它，否則反而引人詬病。

愛情

您與伴侶的關係好像朋友一樣，沒有特別的火花，日子過得很平淡，或許您的性慾也不高，所以並不會想改善這方面的事務。如果您還沒有伴侶，對象是以組成家庭為前提的，這當然也符合您的

需求，不過雙方因而不會有強烈的感覺或心動。

學業與科名

各科都得到不錯的成績，您是小老師呢！您在社會科方面的表現尤其優異，而且相當有自己的理念和想法。文書、企劃、創作方面，您能從大眾福祉的角度出發，因為有如此博大的胸懷，因而相當程度的受到眾人的擁護，並且獲得實現理想的機會。

人際

您是個良師益友，受到大家的歡迎，您還是個稱職的「張老師」喔！

愛的小叮嚀

因為您有博愛與寬大的胸懷，所以能獲得實現理想的機會和眾人的支持，因此您不能在過程中有見利思遷的情況發生，否則必然會產生變故，這也是您歷練心性的過程。另外，做佈施和捐獻都能使您的運勢變得更好。

太陽天梁

格局

雖然您一直想要改善缺點，但運勢中等，發展性也普通，所以成效並不突出。您適合韜光養晦，進行心性和智慧方面的修練，修練對您的成長會有很大的助益，並能提升您對生命意境的體悟。

事業

平穩，並沒有足以大幅成長的空間，您可以趁機好好檢視公司裡的制度和人事，以及經營狀況，您可以發現許多疏失，提出改建的意見，雖然沒有立即的功效，但對未來的發展絕對是正面的。

財富

相當普通，除了固定收入，您幾乎不會有額外的財富，不過因為您對金錢的索求度並不高，所以生活也不匱乏。另外，您還可以做一些捐獻，這會使您的運勢增加，並有好的福報。

愛情

孤獨感還滿深的，您與伴侶一直處在毫不驚奇的互動中，除了馬桶壞掉，他很少叫您，除了零用錢花光了，您也很少理會他，兩人的相處或許只是習慣，而非必要。如果您還沒有伴侶，幾乎不會主動追求異性，而且可能與周遭異性不來電。

學業與科名

保持中等的程度，原因在於您的頭殼有時比較硬，所以輪轉不太過來，不過對於背誦的科目倒是比較不受影響，只是沒有豐富而生動的表情而已。文書、企劃、創作方面，還能維持一定的水準，雖然您有宏大的理想，不過闡述時的深度有些欠缺，並且沒有靈活的策略。

人際

您急公好義，雖然可以當選日行一善的模範生，不過因為沒有突出的績效表現，所以有些白目的人反會因而喜歡差遣您、利用您，折煞您的好意。

愛的小叮嚀

您有犧牲奉獻的精神，不過欠缺發揮的時機，所以難免會淪於在雜事和小道上著墨的情況，不以善小而不為當然是值得嘉許的，不過您更可以利用這個機會好好修練自己，提升自己的能力，這樣能夠進行的善道，也會更有影響力。

太陽天梁

★ ★ ☆ ☆ ☆

格局

運勢不是很好，任何事的進展都有點不順，甚至有阻礙發生，所以很煩心，而且您有點急功好「名」（非「利」），因此和長輩、同儕之間經常因為意見不和而爭吵，但其實您心地不錯，只是喜歡表現而已。

事業

因為進度受阻，加上與人意見爭執，所以縱然您很努力，也很熱心，但收到的效果卻是相反的，而且還被人指責，您會覺得自己的犧牲不但枉然，而且負面，因此陷入極度的矛盾和掙扎。

財富

絕對不會有好財運，甚至有耗損的跡象，您可能投入大筆資金進行理想的實現，可是卻發現原來是一場騙局，不但破財，更是情何以堪！所以您應該慎防因為相信別人、心軟、被人抓住善心的弱點而加以欺瞞，最後還因而觸犯法律或成為代罪羔羊。

愛情

您不是真的想要和對方分手，但因為彼此的爭執已經白熱化，而且感情受創，所以分開一下對彼此是較好的。如果您還沒有伴

侶，愛情運勢是負的，您可能和異性發生爭執，或在剛認識時就因為某事而產生疙瘩，甚至結下樑子。

學業與科名

成績大幅下滑，因為鑽牛角尖，如果您能將頭腦的神經放輕鬆點，情況應該會好一點，如果您作弊鐵定出事，因為您不能做壞事。至於文書、企劃、創作方面，成績乏善可陳，不過因為作品充滿偏見與偏執，所以不被接受，甚至因而鬧出一點風波。

人際

您熱心過度因而變得雞婆，指正別人卻變成橫加干涉，與人意見不合卻變成強烈爭執，所以，名列不受歡迎人物排行榜。

愛的小叮嚀

運勢不好的時候，人的好意都會弄巧成拙，甚至無意間成為幫兇，您的情況就是如此，不過還好的是，這運勢雖然有嚴重的孤獨和爭執，不過破敗的情況還不嚴重，因此您不妨好好靜下心來思考，自己的善意是否常常變成別人的負擔，自己的堅持是否常常變成別人的阻礙？自己的善心是否因為方法錯了，而被嫌惡？接觸宗教能幫助您思考這些問題，並獲得較圓滿的答案。

太陽天梁

★☆☆☆☆

格局

該怎麼說呢？原則上您的出發點並非不好，但因為過於固執與偏執，加上使用不當的方法，並因運勢低迷陰晦，所以一片美意卻變成災難，使眾人蒙受其害，您也因而成為罪人。

事業

因為眾人無法接受您的做法，在一陣激烈的衝突後，終於眾叛親離，您的事業於是出現分崩離析，使得原本支持您的人反而成為受害者，您落寞的下臺，身心備受煎熬，比受傷更痛苦，可是自始至終，您可能都不明瞭自己哪裡做錯了。

財富

呈現嚴重虧損的徵兆，而且會為了公產而與人爭訟，這肇因於您不善處理財務，留下漏洞或把柄，以致讓奸人有機可趁，侵占公產，或者因為您的心軟被人設計，反而成為被告。總之，您應該在事前委託專業人士來處理財務，這是最恰當的。

愛情

應該是注定漂泊吧！或許此時的您已經心如槁灰，任春風春雨也無法吹皺您的心湖，暫時這樣也好，感情是不能強求的。如果您

已經有伴侶了，戰況的死傷慘烈是可想而知的，所以您不如提前結束戰爭，讓雙方的傷害降到最低再說吧！

學業與科名

學校功課出奇的糟，幾乎到了留級或勒令退學的邊緣，因為您的心思極度混亂，頭腦完全處於打結的狀態，所以恍神到了極點。文書、企劃、創作方面，給人的感覺也是相當負面而嫌惡，而且因為弄巧成拙，反而扯出風波或著作權糾紛。

人際

您是恍神女王或恍神王子，處在不可理喻的狀態，現在跟您說什麼不但都是多餘的，而且還自找麻煩，所以眾人都排擠您，希望您趕快消失在地球上。

愛的小叮嚀

這個時候，其實說什麼您都是聽不進去的，甚至等到失敗了，災害降臨了，您還不認為自己是錯的。這麼偏執的您，要能自醒的唯一的辦法便是透過皈依佛教的教理來降低自己強烈的執著，唯有偏執性降低了，傷害才能降低，而且唯有無為，才能無害。

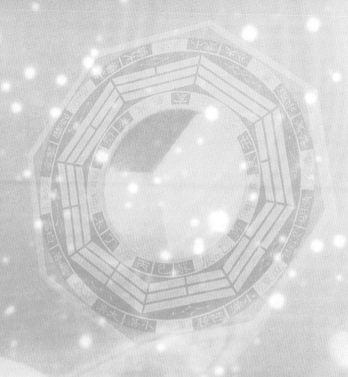

第三站

武曲、天同、廉貞系

武曲天府

格局

一尾活龍！夢幻組合！傳說中，權、印、財、庫四樣聚全者，能大發大貴非王即侯，恭喜您，就是您啦！因為您四樣聚全，所以可為國家棟樑，或為偉大企業家，天縱英才，不可多得！

事業

您有極深的府城，但同時又有極強的行動力，所以可以馬上打天下，也能馬下治天下，但您的攻擊性不是爆破性或破壞性的，而是建設性的，正是事業創立根基所必須的泱泱大才。

財富

實在要叫您一聲財神爺！您不但能夠運用謀略獲得巨額的財富，這些財富還能保留起來，不會再發散出去，這是一般創業型的人較少有的特點。此外，您也可以在商務裡得到利益，所以您會遇到很好的機會，並因而累積富可敵國的財富。

愛情

雖然您與伴侶的相處時間不多，但您會全心全意的準備好他的生活，您們的生活也有一定程度的豪華和享受，不過，難免會有外界的美色來誘惑您。如果您還沒有伴侶，可望遇到高貴的異性，但

您們並不是纏綿悱惻的相戀，而是在享受高貴愛情的感覺。

學業與科名

當然也是鯉躍龍門，您的成績可為全校、全國第一，乃至因而得到極高榮譽的獎狀和獎勵。文書、企劃、創作方面，您的作品面面俱到，而且可以為眾人帶來豐厚的利益，所以當然受到大眾一致的支持，並同意賦予您執行這個專案的實際權力。

人際

您這麼優異，簡直是神，所以大家對您的愛戴不是崇拜，而是膜拜。

愛的小叮嚀

您的表現實在像超人一樣，出神入化，令人嘆為觀止，同時為團體達成任務和為自己賺進豐厚的財富，您氣質高貴，又有排場，所以十分尊榮，不過也因此，有些親和力不夠，這在民主時代，不能不說是一個缺點。此外，您捐贈佈施，是為了節稅，不是真心的想做善事，可是您卻以為自己是個大善人。

武曲天府

★ ★ ★ ★ ☆

格局

您在權力、地位、財富、積蓄方面，都有不錯的成就，尤其在經營和經商方面的天分不錯，所以您可以朝這方面發揮，做最高的獲利。

事業

您可以獲得不錯的經營機會，這個事業極具開創性，您可以在周詳的規劃下，為原有的事業開創出新氣象，而且有不錯的獲利，您的重點可以擺在「經營獲利」上，對您而言，有經營便有權力和地位，有獲利便有財富和積蓄。

財富

也是不錯的啦，難能可貴的是，您除了能夠獲利外，還能夠將財富積蓄起來，所以錢財不會流失，不過聰明的您，當然一定會為這些財富做一些極有保障的孳息工作，這樣一來，它便是活財，而且還能生「錢仔囝」，因而累積財富。

愛情

因為您忙於事業，所以對伴侶和家人會有疏忽的地方，不過您會將他們的生活都安頓好，您雖然會偶爾有粉味應酬的可能，但原

則上您都不會讓他們妨礙到您的家庭和事業。如果您還沒有伴侶，您會遇到一位大方的異性，您們的交往不扭捏做態，但會講究約會的格調。

學業與科名

您可以在學校獲得不錯的成績，尤其是實習、經營等科目，更得心應手。文書、企劃、創作方面，您能提出詳細的謀略，又能有進攻的計劃，最重要的是，能為大家帶來利益，因此廣受歡迎，並因而得到發揮的機會。

人際

因為您有勇有謀，而且能為大家帶來好處，所以一定是受到熱烈的愛戴。

愛的小叮嚀

運勢實在不錯，而且沒什麼後遺症，最大的缺點便是您專注在經營商業的商機，所以有些勢利眼，看錢很重，因而有些摳門，也給人高不可攀的樣子，給點愛心嘛，笑得誠懇一點。

武曲天府

★ ★ ★ ☆ ☆

格局

整體運勢表現，有中等的程度，尤其有利經營、商務，至於文書、內勤的運勢會較弱，所以應該從事活動性的業務尋求發展的機會。

事業

不願屈居人下，並且不甘於貧窮，所以會有積極的上進心，不過也因為這股好動、求勝的心，所以不免在不經意間得罪人。因此在一好一壞之下，運勢呈現消長的趨勢。

財富

因為賺錢是您的最大興趣，所以您會想盡辦法去接近能獲得利益的機會，不過您應該把持住「君子愛財取之有道」之心，否則結果是好是壞，就不得而知了。

愛情

您是會照顧伴侶和家人的人，不過，您投入的真性情比較少，純粹是照顧而已，您在愛情方面偏向性愛的歡愉，而不是相惜的溫情，所以您也會將愛情建立在性愛之上，而非心靈之上。

學業與科名

表現中等程度，學校的課業因為考運還不錯，而且頗能抓住重點，所以雖然您不是認真的類型，卻能保持中間的水準，不至於太差。文書、企劃、創作方面的成績會比學校成績好，在實習上，您是較有幹勁和企圖的，而且經營能力也較強。

人際

雖然您的長處暫時還沒有機會淋漓盡致的表現出來，但因為別人已經看見您的潛質，所以還是會尊重您的。

愛的小叮嚀

雖然運勢不是旺到讓您能夠一飛沖天，不過因為您有求勝的企圖，所以自然能給自己加分，這是不錯的特質，應該繼續保持下去。但另一方面，因為您的好勝心又經常會得罪他人，造成別人的微辭，所以兩者相互消長。您可以在保持企圖心的同時，兼顧公共關係，這樣就能有更好的助力了！

武曲天府

★ ★ ☆ ☆ ☆

格局

運勢有偏低的跡象，但因為您不肯服輸，不能認清事實，強渡關山，所以遭致挫敗。

事業

因為運勢欠佳，但您求勝心切，也求利心切，所以會做出不恰當的攻擊，因而耗損了重大資源，此外，您也可能繞道而行，但卻是選擇不正當的途徑與手段，這當然也是不好的方法，二者都會為您帶來災害。

財富

錢財是最容易惹禍的，但因為您求財意識特別強烈，所以因而惹出災禍的機會頗高。一方面，在沒有求財機運之下，您仍執意求財，所以做出不恰當的投資或經營策略，因而蒙受損失，一方面可能走向歹路來求財，但最終都是要衰敗的。

愛情

孤獨性質很強，您與伴侶聚少離多，所以處在冷戰之中，您對愛情觀念偏頗，您注重性愛的熱烈，但不注重情意的溫綿，所以讓對方覺得您只是在找尋一個性對象，而不是終身伴侶，因此，您可

能必須為這段失敗的感情付出相當大的責任。

學業與科名

成績不理想，所以不甘於平凡的您，便決定以作弊來度過難關，結果卻惹出風波來，因而顯得相當難堪。至於文書、企劃和創作方面，您有操之過急的嚴重缺點，所以作品破綻百出，還被嗆了一頓，如果處理不好，可能還會扯出抄襲、版權風波。

人際

您過於強勢、好鬥、好勝，所以被歸於「鬥雞」一族，除非必要，否則您不要出現比較不會有問題。

愛的小叮嚀

人在運勢低時，應該沈潛、應該積極準備，乃至應該創造機會，積極突圍，但就是不能以卵擊石，暴虎馮河，否則便是莽夫愚勇。尤其在錢財方面亦然，所謂「人為財死、鳥為食亡」，因財惹禍的案例比比皆是。所以您應該懂得寧靜致遠的道理，不要妄自行動。

武曲天府

★☆☆☆☆

格局

運勢極低，而且還帶著衝擊破壞力，所以出事、受傷的機會相當高。您為了讓人認定您的成功，所以寧願虛華不實，並且逞兇鬥狠，乃至用盡心機，但因為基本的價值觀與方法錯誤，所以後果便可想而知。

事業

您的事業已經出現炸彈，危機隨時會引爆，大樓隨時會崩塌，為了挽救危機，您可能轉而採用不正當的手段，但危機不會因而解除，將來的後果會更為險惡。

財富

因財持刀、因財惹禍的機會相當高，不但將積蓄完全賠光，甚至還欠下無法償還的債務，逼得您最後必須鋌而走險，於是走向死胡同。而之所以如此絕望的原因在於，您之前不顧局勢強行投資，之後又以不正當的手段處理問題，所以才會埋下此因果。

愛情

您應該是個現代陳世美吧！如果為了成功和財富，似乎沒有情意可言，在缺少情意的狀況下，您必然追求性愛的刺激和熱烈，但

如此只是讓您更加沈淪，甚至歡場中的對象，也極可能就是造禍於您的人，但您卻沈溺不醒，完全淹沒在虛情假意裡。

學業與科名

算是惡名昭彰，學校課業面臨被當，而且作弊被抓，使情況加重，面臨記大過或退學的處分。文書、企劃、創作方面，因為本身沒有創作的心情，所以便請人抓刀，或以別人作品頂替，也因而惹出風波來。

人際

您是惡龍，善良老百姓怕您，民意代表也怕您，甚至連黑道也不想看到您。

愛的小叮嚀

對自己有高度期許，而且個性剛強的人，如果在事業無法順利進行時，便容易轉向以不正當和激烈的方式來另起爐灶或突圍，但這其實並不是真正的突圍，而是跳到一個無法自拔的泥沼裡，越陷越深。所以當您已經有了這樣的跡象時，最好能趕緊懸崖勒馬，以免日後無法挽回。

武曲貪狼

格局

怎麼可能！您是經營之神，長袖善舞，無所不能，簡直是「紅頂商人」再世，連胡雪巖也要過來跟您稱兄道弟，把酒言歡，其盛況可想而知。

事業

您「名利雙收」，所以往商務方面發展，必可無往不利，日進斗金，此外，您有情有義，以誠信為基礎，更是交遊滿天下，洞悉時事，因而搏得「商神」的封號。

財富

財神爺已經到您家裡定居了，所以，您累積的財富亦會超乎您的想像！不過，這個財不是屬於「競爭」來的，重情意的您不善於與人競爭，而是以「經營」為獲利的手段！另外，您也會收購藝術品，成為品味人生與投資的結合。

愛情

沒有其他運勢那麼好，因為經商的關係，您必須經常應酬，所以與情侶也產生隔閡，雖然您會給他豐富的物質，偶爾也會有激情的盪漾，但其實這只是您的補償。原則上，您是那種應酬完還會回

家的人，這還算是可取的地方。

學業與科名

可以拿到 A$^+$ 的成績，但如果要成為全校第一可能不太容易，因為您覺得全校第一的報酬其實沒有那麼具誘惑力。文書、企劃、創作上，您的作品可以當成商務作品的極品典範，更難能可貴的是，其實您還有風雅詩趣的一面，而且天分很高唷！

人際

您呼朋引伴，為人排解困難，您是因為愛面子但又豪爽才這麼做，無論如何，您還是大家的燈塔、長城、活菩薩。

愛的小叮嚀

您享盡商場的繁華，一擲千金有它的豪邁，一呼百諾也有它的氣魄，不過，您終究有些空虛，因為在本質上，您是有情有意的，這個情意會讓您重承諾，也會讓您有別於一般汲汲營營的生意人，所以最終您還是要回歸深思您的理想，除了賺錢，您心裡一定還有更偉大的東西，對不對？

武曲貪狼

格局

有人生中難得的豐富閱歷喔！不管是追求有形的「財」，或無形的「名」，您都能有不錯的成就，而且是在經營商務方面發揮長才。

事業

雖然一開始會有點波折，但這是成功必然的經歷，您的格調不是那種叫賣式的小販，也不是斤斤計較的生意人，而是建立在「誠信」和「交際」基礎之下的企業經營，您不會與人做不當的競爭，會以經營的才華取勝。

財富

當然會隨著商務的起色而好起來，人說「生意囝仔生」，而您就是十足的生意囝，不過特別的是，其實您的格調比一般生意人高許多，甚至會利用財富去購買書畫、古董、藝術品等一方面可珍藏，一方面又可投資的東西。

愛情

因為您喜歡交際，所以對家庭生活會較感乏味，與伴侶雖然偶爾會因為心血來潮而有熱烈的表現，但大部分的時間，您的興趣是

在外面，可是在外面玩樂之後，您也會感到空虛，好像這並不是您要追求的，這時，您就會想到要回家。

學業與科名

學校功課有中上的程度，因為專心讀書不是您的專長，不過您也知道，不專心讀書付出的代價是昂貴的。文書、企劃、創作方面，您善於商務的規劃，也懂得將藝術和美感融入到商品中，比一般商品更有質感和獨特的鑑賞力，這也是您成功的另一因素。

人際

您會樂於幫助別人，但也會在心裡盤算是否會得到回報，但不管怎樣，您同情別人的心意是真實的，所以朋友非常樂於與您在一起，一方面有趣，一方面能得到適時的幫助。

愛的小叮嚀

在生意人裡頭，您算是有格調的，所以您會想辦法讓自己的商務顯得獨特、有美感，乃至是一種享受。這樣的規劃與構思其實是很好的，如果您能更重視誠信，並且更能穩定心思，做長期的規劃和永久的經營，則可以往「企業家」的境界再進一步。

武曲貪狼

格局

運勢呈現剛開始困難，後面好轉的情況，所以是先苦後甘型，您的生意頭腦精明，因而顯得有些喜歡算計利益，雖然您還算是重情意的人，不過您還是會先在「義」、「利」之間做個衡量，然後再做決定。

事業

雖然您喜歡透過商務來激發潛能，但過於競爭的生意並不適合您，因為您不是那種完全沒有大腦，只會削價競爭的人，因而在面對同業競爭時，你會略顯無措。

財富

運勢先苦後甘，所以一開始時並沒有傑出的表現與豐富的收入，但慢慢的，您擺脫那些惡性競爭者，豎立自己獨特的風格後，事業和收入便會慢慢穩定下來。

愛情

您跟伴侶的感情並不甜蜜，偶爾會吵架，您在家裡感受到的情意少，在外面感受到的情意多，不過外面逢場做戲的情意，卻是不真實的，所以您經常有空虛感。如果您還沒有伴侶，遇到理想對象

的機會不算高。

學業與科名

普通啦,學校課業還能維持中等成績,偶爾會出現乙,讀書應該不是您的強項,拿秤子做生意或許您比較在行。文書、企劃、創作方面,如果是商業性的規劃,您的表現會比文書規劃好,而且有它的可行性。

人際

您是一個有趣的人,也非常樂於助人,所謂「有錢出錢,有力出力」,您出力的時候比出錢的時候多,儘管如此,已經不錯了,至少您有一份心意,所以別人也喜歡和您在一起。

愛的小叮嚀

雖然初期運勢不好,但後勢會慢慢看俏,其實,您應該趁機運不好的時候,好好反省,如何才能讓自己更好?譬如,應該有更遠大的眼光,更宏偉的魄力,更堅強的行動,以及更高層次的經營理念,如此,您才能在未來擊出更漂亮的安打。

武曲貪狼

★ ★ ☆ ☆ ☆

格局

運勢不好，一開始時有重重阻擾，到了後期雖然有所改善，但也不會太完美，所以呈現競爭、紛擾、懊惱的態勢，這時，您唯有放棄與人競爭的心態，轉而在文藝、宗教上發展，會比較好。

事業

因為過度競爭引發的削價和割喉戰，使得兩敗俱傷，因此始難終難，都沒好結果，如果反過來，您捨棄與人競爭，豎立獨特的服務和招牌，情況就不會那麼慘烈。

財富

也是不理想，搞到口袋空空，還欠了債務，所以當初您即應思考繞道而行，不要與人做意氣之爭，偏偏您又嚥不下這口氣，所以才說您應該接觸宗教，讓它啟發您一些思想，或者接觸文藝，讓它提升您的經營層次，拉開與競爭者的肉搏戰場。

愛情

您跟伴侶經常吵架，可能轉向外頭發展，不過內心的孤獨感卻從來沒有消失過，如果運氣不好，因色惹禍或惹病也是有可能的。如果您還沒有伴侶，您不想成家，反倒是對歡場的異性較有興趣。

不過如果您轉向信仰宗教的話，當然這些出軌情形都會減低。

學業與科名

不好，這不是有利讀書的，而且運勢又低，所以會不及格，做弊會被抓，被遊街示眾，也夠丟人現眼的了。文書、企劃、創作方面，您有褻瀆的傾向，所以成為眾矢之的，那是因為您心中充滿壓抑、不滿和慾望禁錮之故。

人際

您好施小利，卻向人家加倍索取恩惠，喜歡喊衝，卻老是躲在最後，所以眾人對您真是感到非常機車。

愛的小叮嚀

所謂「化虎不成反類犬」，企業家做不成，生意人做不成，難免變成偷斤減兩、童叟皆欺的擔貨郎，這時也難免變成人家口中的「俗辣」或騙子。所以，您應該多多思考，如何運用自己的創意弄點絕活來招攬生意，所謂「萬丈高樓平地起」，許多一坪店、路邊攤，最後做到全省連鎖，不就是如此熬過來的嗎？

武曲貪狼

★☆☆☆☆

格局

雖然您有很高的成就企圖，也充滿鬥志，但因為時運不濟，加上許多觀念、想法未臻正確，所以反而會帶來災難。也有可能是，您根本變得毫無鬥志，整天只想行點小騙，賺點蠅頭小利，過著猥褻的生活，已經完全沒有自尊和未來了。

事業

因為初期的運作並不順利，加上後繼的運勢也未接上，最後更是走衰運，所以搞得一敗塗地，但失敗的原因也不能完全歸咎於運勢，自己思想和行為嚴重的偏差也是一大責任。

財富

慘囉，討帳的人已經在門口咆哮潑油漆了，而且因為您不講信用，或許還倒了親友的會，騙了老人家僅存的退休金，您會因財持刀，惹禍上身，而且更遺憾的是，這些錢說不定您都拿去吃喝玩樂，當火山孝子或養小狼狗花掉了，因而更加罪不可赦。

愛情

您和伴侶分手前，雙方還發生強烈的毆打，現在的您，說不定是位躲在暗巷裡嚇小女孩的怪叔叔，或化身怪老伯在網站收購二手

內褲，總之，您必須預防您有些心理異常。如果您還沒有伴侶，當然不會有愛情發生，因為愛神已經溜得很遠了。

學業與科名

您的學校成績被當，作弊被抓，記過被公告，走在路上被認出來，矇著臉還是被眾人嘲笑，躲在暗處還是被記者拍照。文書、企劃、創作方面，您的作品顛覆傳統、挑戰善良風俗、褻瀆神明，在古代早就被判浸豬籠了，現在只是依妨害風化被起訴而已。

人際

連老鼠都搬離您家了，誰還敢跟您在一起啊？

愛的小叮嚀

其實每個人的心靈多少都有陰晦、背叛的一面，但陰晦的一面完全表現出來時，好運的人，可以以AV女優之姿一脫成名，歹運的，淪落牛肉場被警察抓，精神崩潰，這個運勢大概就是屬於後者吧！
其實，如果您能在宗教裡尋求到心靈的澄明，必然能看透人世間本來就是虛假的實相，如此，您就不會那麼在意是非成敗，頭腦也能更為清楚，也就更能掌握自己的行為，所以您一定必須好好親近宗教。

武曲天相

★★★★★

格局

一個偉大的巨人誕生了,連爺爺,您終於回來啦!運勢彷彿呂不韋一樣,掌握無上的財富與權力,成為各方競相邀請的超級執行長,如果能獲得您的協助,就等於已經掌握了半個天下,尤其適合當經濟首長。

事業

您不是開疆闢土的君主,但卻允文允武,是能運籌帷幄的宰相,又能馬上廝殺的將軍,是出將入相的難得之才,在動靜得宜之間,決勝千里之外,一切進度都在您的掌握之中,不過外出的機會較多。

財富

只能用「府庫滿盈」來形容,不但財多富多,而且錦衣玉食,享受人間福樂,但這些錢財是事業收穫和善於守財而來,原則上,您不是一個會喜歡亂投資的人,但也不是守財奴,而是在穩健的情況下去運用財富,產生利得,是理財致富的典範。

愛情

沒有熱情的火花,雖然對方係出名門,但有點囉唆,所以不容

易情意繾綣，不過您會很照顧他的生活，盡到一個伴侶應有的責任，所以還維持和諧的關係。如果您還沒有伴侶，可望遇到一個宜室宜家的對象，他很優，但不是噴火型的辣妹或帥哥。

學業與科名

也是嚇嚇叫，碰碰跳！允文允武，作文、畫畫、三鐵、田徑，通通囊括精神總錦標。文書、企劃、創作方面，您的格局寓攻於守，穩健中帶有進取的精神，是屬於建設與攻掠均衡的完美規模，因此，獲得「普天同慶」大獎，受到眾人的肯定。

人際

您是能揭櫫偉大宏遠的理想，又能帶領眾人衝鋒陷陣的民族英雄，大家正在募款，為您籌建一座銅像。

愛的小叮嚀

運勢雖然極為旺盛，也是各方競相拉攏的豪傑，但終究還是要「英雄尋主」，亦即必須依靠主管與上級的提拔、信任、授權才能有所發揮，因此，切莫因為有各方的拉攏，就恃寵而驕，不知天高地厚，否則就會淪為功高震主，則其結果大不美矣。

武曲天相

★ ★ ★ ★ ☆

格局

在經濟和參謀權上有不錯的表現，所以雖然不是自創品牌的大老闆，但卻是執行長或秘書長的格局，所謂「唇齒相依」，所以亦無所謂老闆較大，執行長較小的意涵，同時您也能因為輔佐有功，而得到不錯的利益。

事業

您有開創力，也有謀略力，是謂「有勇有謀」，不錯！再加上運勢也不錯，所以可以有不錯的成績，但您不用急著做老大，慢慢來，不用一步登天。

財富

收入不錯，不過這些財富並非唾手可得，而是經由一番努力才賺到的，因此您對這份財富十分珍惜，會以穩當孳息的理財方式而利上滾利，所以您的戶頭存款會越來越多，不久已經是不折不扣的「好雅人」了。

愛情

愛情熱度保持在平溫，兩人對婚姻都有掌控慾，所以不容易沸騰，但因為對方條件不錯，所以還能維持家庭格調。如果您還沒有

伴侶，會遇到名門閨秀或良家富男，跟野性的異性不對盤，甚至有點王八看綠豆，互相不對眼。

學業與科名

您的表現有A的實力，各科成績都非常平均，如果您能再用功點，要拿到獎狀和獎勵也是有可能的。至於文書、企劃、創作方面，您的表現也不錯，能攻能守，能開能闔，不保守也不躁進，所以是相當平穩中帶進取的作品，因此受到眾人賞識。

人際

您有理想，又有戰鬥力，所以能夠影響眾人與您同行，是不錯的人才。

愛的小叮嚀

雖然您的智謀和戰鬥力都極高，不過不需要獨自做太冒險的生意，這樣也好，因為在所有權和經營權分開的現代，能當一個專業經理人或代理人，雖然不能賺取暴發的利潤，但也不會有暴破的危機，所以一得一失之間，期望值是一樣的，老天是公平的。

武曲天相

格局

運勢算是晚開，不過有一定的潛能，所以還是應該好好把握，努力不懈，終有苦盡甘來，開花結果的一天。

事業

您的謀略和實踐力都可以，不過運勢比較普通，所以會有屈居人下之感，但不要這麼想，其實您的處境平平，沒有比別人糟，再堅持下去，就會轉好！

財富

有點特殊的意外之財，雖不是很多，但也不無小補，您正常工作的收入，算是中上，還不錯。理財觀上，您不死守，也不投機，而是將收入做妥善的處理，做一些低風險的運用。

愛情

您不熱中情愛，兩人的key也不是很「麻吉」，伴侶的介入令您有壓力，所以經常會有孤獨感。如果您還沒有伴侶，恐怕要透過相親，而且以善男信女為宜，您不太會去主動勾引別人，常把不多的愛意放在心頭，然後嘆口氣，讓它隨風而去。

學業與科名

中等，因為您驛動的心強烈跳動，所以無法安靜下來讀書，因而只能得到這個成績，也算公平啦！文書、企劃、創作方面，因為是屬於實習的科目，所以成績會比較高，可達PR值80%以上，此外，您能掌握防守和進攻之間的平衡，所以使作品更添價值。

人際

因為您有一定的條件，所以別人自然也會肯定您，不過您會有些老大哥的驕傲態度就是了，喜歡指使別人。

愛的小叮嚀

老謀深算，謀而後動，機會是爭取來的，「莫等待，莫依賴，成功不會從天上掉下來，敵人不會自己垮台，殺！殺！」，而且以爭取就業或代理為宜，不一定要自行創業。不過當然最重要的是，您必須評估，您有什麼特殊的能力與專長，使老闆非雇用您不可？好好想想這個問題。

武曲天相

★ ★ ☆ ☆ ☆

格局

運勢普通偏下一點，不過告訴您一個好消息，您有食祿之神拱照，所以再怎麼不順都不會沒吃飯，再怎麼貧困都會有人給您一些零用錢，不過您也不可因而自甘墮落，因為乞丐也都是有人給飯吃，有人給錢用。

事業

因為伯樂還沒出現，所以千里馬困頓至極，但您的心情驛動非常，所以會因而顯現出落寞，並念天地之悠悠，獨愴然而淚下。如果要創業，大概只能從一些小成本的生意開始做起，千萬不要玩大車。

財富

因為事業尚未顯現出生機，所以錢財的收入也捉襟見肘，不過天無絕人之路，所以總有人會接濟您，但所謂「救急不救貧」，所以您無法依靠救濟致富，也無法因而重新站起來，但您更應珍惜有這樣的機會，好好努力不懈才對。

愛情

蘇格拉底說，他因為娶了一位悍妻，因而成為哲學家，恭喜

您，您會是一位傑出的哲學家，所以您應該忍辱負重，不應該跟伴侶互毆，也不應該跟伴侶分手，不然，您就會變成落水狗。如果您還沒有伴侶，愛情之路對您而言，不是一條坦途，卻佈滿荊棘。

學業與科名

有吊火車尾的跡象，因為您的心思無法安靜下來，所以很難有突破，甚至因而陷入泥沼裡，作弊被抓的機會很高。至於文書、企劃、創作上，因為您顯現太多的躁動，失去作品應有的沈穩，以致失去攻守的平衡，因而失去一個原本不錯的機會。

人際

您有喜歡干涉別人的跡象，並且倚老賣老，所以別人覺得您有些討厭。

愛的小叮嚀

雖然時機未至，事業呈現下坡走勢，但總未到英雄末路的窘況，所謂「十年寒窗無人問，一舉成名天下知」，現在就是在寒窗期，但如果沒有十年寒窗，又怎會有一舉成名？所以您千萬不可因而落魄失志，相反的，更應想像光明美好的未來，您有您的才情，做最好的準備，等待攻擊的號角。

武曲天相

★ ☆ ☆ ☆ ☆

格局

您頗有懷才不遇、無事奔忙、進而顯得落魄的現象，因為不利自我創業，但又沒有伯樂出現，所以在經歷了千訪萬尋的挫敗後，終於顯露出財富散盡、疲憊不堪的狀態，甚至因而顯現出攻擊性。

事業

無貴人相助，當然就如同走到死胡同繞不出來，但您會有點像失去理智一樣，想撞牆逃生，結果更加頭破血流，並有刑傷的可能。

財富

千金已經散盡了，但運勢卻還在谷底持續往下探底，所以您的遺憾可想而知，而且還可能因而積欠債務，如今逼債的人已經到門口叫囂了，雖然暫時有人接濟您的溫飽，但卻總是無法解決迫在眉睫的財務問題。

愛情

您與伴侶間的問題已經不是分手就能解決了，因為長期爭鬥下來，留在彼此心中的傷痕已經太深了，您仍應該最有風度的祝福對方。如果您還沒有伴侶，不會有愛情發生，而且還很有可能與異性

發生強烈的爭執，因而對愛情有很深的偏見。

學業與科名

慘囉！鐵被當的，如果您想作弊，極可能被抓，因而名聲掃地，原因在於您因為情緒極端惡劣已經完全無法讀書了。文書、企劃、創作上，您不但沒有交出作品，還很可能用頂替、做假的方式來企圖矇騙，結果被記者追命連環拍，真是聲名大噪。

人際

您算是滿無厘頭的莽撞，而且喜歡支使別人，甚至有攻擊性，別人聯合起來排擠您，您因而更覺得「春風哪ㄟ加呢寒」。

愛的小叮嚀

其實，您不必那麼心急著想要成功，雖然您真的有強烈的企圖心，並且驛動性也強，不過世事本來就是如此，金字塔頂端的人少，底部的人多，所以您應該先甘於安居在一個位置，並透過優異的表現讓人發掘進而提拔您，如果您不斷的跳槽，只是讓問題不斷的重複發生。當然，最後，金字塔頂端還是會只有少部分的人，但是如果我們努力過，也就沒有遺憾了，千萬不要因而喪志、狂亂。

武曲七殺

格局

運勢有如劉邦入咸陽，長車直入，一夫當關，萬夫莫敵，難能可貴的是，在這樣征戰中，還能有豐厚的財富收入，不像一般衝鋒陷陣格局只有耗損，鮮少有收入，不過身體上的健康應該特別留意。

事業

您不適合繼續待在舊體制裡，可以在獲得財富與開疆闢土的前提下，自行開創一片天地，這個格局很像挖金礦，必須先有爆破性的行動，才能呈現無上珍貴的寶藏，不適合溫溫吞吞，所以，您是適合突破，不適合守成的。

財富

您的財運有爆發的大格局，所以是靠努力征戰而來的大筆收入，而非靠涓涓細水或固定收入而來，您敢衝敢賭，喜歡玩大遊戲，是致富的原因，不過這樣的錢財，當然也存在一點風險，不過您能先享受到吃角子老虎得到特獎般的奇妙滋味。

愛情

因為征戰的人總無法將伴侶、家人帶在身邊，所以會疏於經營

這段感情，不過您對他們的照顧和情意算是有的，只是礙於環境無法履行義務，他們對您的事業還算支持。如果您還沒伴侶，會遇到高貴的對象，並傾向閃電戀愛，並且有金錢考量。

學業與科名

有驚人的爆發力，您不會墨守成規，並且會有突破性的想法和見解，這個破天荒的思想，是一代宗師所不能欠缺的突破力。文書、企劃、創作上，您一樣不受約束的自由發展，而且有極高度的獨特見解和藝術性，所以頒給您史上最佳突破獎。

人際

您的魄力和攻擊力無人能及，而且又能給人充分的支援，所以大家追隨在您的左右，把您當超人一樣的膜拜。

愛的小叮嚀

運勢雖然超強，不過也呈現孤獨的問題，而且在健康上也要多注意，這是戰將型的人難免會遇到的問題。因此，您應該多累積功德，透過功德的加持，便能逢凶化吉，並且福澤家人、子孫，這是無暇照顧家庭的人所能做的彌補。

武曲七殺

格局

戰鬥指數與獲利指數都不錯,所以可以去實現自己的想法,不過在身體健康和情緒孤獨方面,需要特別注意一下。同時要多注意別人的感受,不要太過於強勢或一意孤行,以免橫生枝節。

事業

您不甘於平凡,所以會有突破現狀的壯志,而且會將理想付諸行動,得到的結果也不錯,您的職務考量可以放在「競爭取財」方面,財來了,其他都會跟著來。

財富

收入不錯,但這些都是您辛苦賺來的,而非唾手可得的,此外,外出求財的運勢會比較高,不動則無財,同時在求財的過程中不管是因為工作或與人互動,都應該注意避免受到身體上的傷害。

愛情

因為您脾氣較倔,又忙於事業,所以嚴肅的一面多於溫柔的一面,雖然伴侶能體諒您工作的無奈,但伴侶間相處僵化的傾向是不容易避免的。如果您還沒有伴侶,出現的愛情類型是速戰速決型,只要稍微踟躕一下,愛情運就會停住。

學業與科名

有不錯的成績，但您的成績並非來自熟悉課本的內容，而是對事務能有獨特的看法，不過這個思想在現代僵化的制度裡會有些抵觸。文書、企劃、創作上，您一樣會有讓人驚奇的創意，並且成為有價值的賣點。

人際

您有魄力和擔當的個性，會吸引別人的欣賞，因而成為團隊裡的中堅人物，受到大家的喜愛和支持。

愛的小叮嚀

您的驛動性偏高，鋒芒畢露，所以雖然有開創事業的勇猛魄力，但卻也稍嫌陽剛過度，所以遇到阻力，如果能夠有更完善的智謀搭配，相對地，成功的機會和成就也會更高。此外，您也必須注意身體上的傷害，並且不要讓精力耗損過度。

武曲七殺

格局

運勢普通，但因本身脾氣倔強，不能低頭，能伸不能屈，無法放下身段，當然就不利發展了，但其實您的運勢並沒有比別人好或是壞，純粹是自己個性和企圖心過強造成的障礙，同時要注意身體健康。

事業

您充滿突破現狀的躁動，但因為時運並未完全站到您這邊，所以會倍感艱辛，但不服輸的您如果勉強出手，不見得能得到好處，可能只是白忙一場而已。

財富

您的運勢必須外出，而且有波折的現象，經常財來財去，您不屑賺小錢，但大錢贏的雖然較多，輸的也較多，所以整體而言，只能算平平，往往無法得到優厚的利益，但反而為財操勞，甚至為財起爭執、受傷。

愛情

算是不好，因為您的脾氣像茅坑裡的石頭一樣又臭又硬，所以與伴侶無法和樂相處，雙方甚至演出桃花女鬥周公的大鬥法，落得

兩敗俱傷。如果您還沒有伴侶，遇到愛情的指數偏低，如果您墜入愛河，也要面對一些考驗。

學業

平平，心無法安靜地停留在課本上，眼睛盯著課本，腦子頻率卻莫名其妙澎湃洶湧的演奏進行曲，但您會有獨特的見解，只是不會得到廣大的認同。文書、企劃、創作上，您的攻擊性大於防守性，因而沒有得到評審一致的認同，好戰是您現在最大的缺點。

人際

您雖然算是勇敢的，但也有些「嚧」，所以人們對您是又愛又怕，一方面希望得到您保護，一方面又覺得您其實還有點討厭。

愛的小叮嚀

運勢雖然普通，不過最大的麻煩製造者，可能是您自己，所以如果您能將自己搞定，日子就平靜多了。不過因為您實在不甘於平凡，同時心中有千萬軍馬，所以暫時安定不下來，因此，您有必要收斂一下凡事爭鋒的個性，否則刀有兩面，一面傷害自己，一面傷害別人。

武曲七殺

★ ★ ☆ ☆ ☆

格局

有不小的衝擊力，而且來得很快，一下子就造成破壞，因此衝擊事件的發生，也經常讓人措手不及，但您的處置方式傾向於以硬碰硬，所以受的傷害又更嚴重了。

事業

事業面臨突發的強大變數，而且是直接的傷害和危機，傷害的程度還不輕，這時已經失去方寸的您，如果再沒有理智的應付，結果會更嚴重。

財富

蒙受重大的損失，雖然這個損失是沒有預警的，但不是沒有原因的，原因就在您盲目且錯亂的擴張，而且您投資的金額往往會超乎您的能力，這就是您的個性，要就賭大一點，所以結果是逼債的人已經持刀圍住門口了，看來您很難度過這次難關了。

愛情

雙方大概已經打得頭破血流，準備抄傢伙再來廝殺了，現在的問題並不是協議分手或含淚的微笑所能解決的，事實上，因為您的脾氣爆躁了點。如果您還沒有伴侶，戀愛指數是零的，您對愛情有

排斥感，好像小時候曾經受過傷害一樣，一切還是慢慢來吧！

學業與科名

被當指數高達90分以上，作弊指數高達80分以上，被抓指數高達70分以上，但您竟然還怪手氣不好。文書、企劃、創作方面，您的作品充滿必死的戰鬥意識，所以適合參加敵前衝鋒大隊或敵後爆破小組，一般人覺得您的精神有些錯亂。

人際

您的暴躁脾氣讓人退避三舍，雖然起初人們敢怒不敢言，但最後還是合力將您驅逐離開，這就是所謂的「除三害」。

愛的小叮嚀

您充滿了戰鬥的意識，但一場戰爭的勝利必然包含天時、地利、人和的完美配合，如果三者缺一的話，自然應該好好衡量，不過因為您的個性能伸不能屈，能張不能收，所以也就變成「能散不能聚」的格局，如果您能體認這個道理的話，自然應該學習如何更為沉潛，或者接受別人的勸阻，以免後悔莫及。

武曲七殺

★☆☆☆☆

格局

因為時運不濟，加上不肯服輸、一定要力戰到底的個性，所以您的動力轉為暴力，創意轉為犯意，衝勁轉為衝動，因此，許多原本就露出破敗徵兆的事故也都會因而更加惡化，以致不可收拾，同時造成身心上的刑傷。

事業

失敗已經成定局，再也無力回天了，而且您還有因而自殘的可能，好像項羽最後只能在烏江選擇自刎一樣，而且還連累許多人，所以您的悲痛與自責是可想而知的。

財富

如潰堤的江河一樣氾濫成災，但絕對不是沒有理由的，這肇因於之前因為過度狂妄，因而進行盲目、錯亂的征戰，也因此將補給線拉得過長，而且財務槓桿也超乎自己能夠承擔的範圍，因此在征戰失敗後，留下一個綿延的殘局。

愛情

雙方召集人馬進行的「愛情復仇記」已經打得天昏地暗、橫屍遍野了，所以不到雙方精疲力竭，這場戰爭是不會停止了。如果您

還沒有伴侶，會對異性有濃厚的敵意，雖然不能確定這是否可以追溯到童年的記憶，但無疑的，您會與異性產生嚴重的衝突。

學業與科名

您應該接到退學通知單了吧？因為在學校，您功課不好，還勒索同學、恐嚇老師、污衊校長，因此活該接受這樣的懲罰。至於聲望方面，您應該算是紅了，因為您上了電視頭條，而且成為新聞連續劇的一哥，觀眾們邊看邊詛譙，卻又樂此不疲。

人際

對不起，我不認識您喔，您別找我。

愛的小叮嚀

不能否認，這是相當破敗和孤剋的格局，很難碰到這麼背的運勢，教您凡事三思而後行是多餘的，因為如果您能聽得進去，就不會有今日的下場，不過您倒是可以在夜深人靜，內心深感徬徨和孤苦時聽聽佛經，如果您能降低孤傲，相對就能降低不當的行為，進而降低刑傷，所以應該多信仰佛教。

武曲破軍

格局

叫您南霸天！包準可以邊疆立功，成為塞外之王，或是邊地封侯，瓜分天下，成為一方之霸，足以光耀門楣，名留青史，並好像張騫通西域一樣的展開「破冰之旅」。

事業

您的運勢鐵定在外地，到外地發展會有意想不到的功蹟和寶藏，如果是在辦公室工作，也要將拓展範圍擴及到外地去，好運才會彰顯出來，如果是生意，也一定要向外拓展，不能墨守成規。

財富

一般來說，戰鬥型的人不易累積財富，但對您來說，這個法則並不適用，您會在征戰中獲得可觀的財富，並將它大半儲存起來，一部分再投入生產和戰鬥，所以很有財力。

愛情

平平，您與伴侶聚少離多，因而對彼此關心的程度不夠，雖然您能給他們不錯的物質生活，而他們也支持您的事業，但別忘了給他們更多真心的關懷。如果您還沒有伴侶，除非閃電式交往，細火慢燉不易成功。

學業與科名

表現優秀,您對物理、機械與邏輯的觀念十分強烈,文科則不會安於背誦與傳統,而會有獨特的思考角度和特殊見解。文書、企劃、創作方面,您的作品強調破繭而出的生命力,以及在怒海波濤裡求生的意識,因而得到「絕地勇士」最高獎章。

人際

您如花豹般的敏銳思慮與攻擊加速度,當然能深深震撼人心,因而吸引別人的跟隨。

愛的小叮嚀

注定奔波、操勞,但也因此才能完成別人無法達到的任務,更難能可貴的是,您的奮鬥絕大部分是為了自己的理想,而非被迫接受的,所以也往往能甘之如飴,甚至當這種冒險犯難消失時,您還會覺得人生一點樂趣都沒有,但是,您還是需要注意,別忽略了家人和他們的感受。

武曲破軍

格局

在外頭奔波，而且辛苦不免，不過這些付出都能獲得不錯的收入和回饋，而且也有助實現自己的理想，所以算是值得的，不過在外奔波難免要注意身體健康和意外災害。

事業

現有的事業版圖無法滿足您，所以您會主動出擊，或銜命出征，對外展開拓展版圖的行動，如果您按兵不動，反而會對自己和他人造成衝突或傷害，因而應該盡量往外發展。

財富

雖然因為事業上的突破，因而獲得不錯的財富，但是這筆收入的一半會落袋為安，另一半您會再將它投資到生產所需裡，所以收入是屬於恆產和流動財各半，這個組合對您來說，也是最恰當的。

愛情

聚少離多，雖然伴侶大致上還能支持您的事業，但情況如果長期下去，還是會有問題發生，因此您不能以為物質就能彌補這個缺憾。如果您還沒有伴侶，您會不想成家，如果因為父母壓力或傳宗接代需求而進行的拍拖，除非閃電結婚，否則不容易成功。

學業與科名

成績不錯，理科方面您能得心應手，文科方面您無法接受死板板的背誦。文書、企劃、創作方面，您強調的不是守成或在現有規模下繼續發展的精神，而是強調變革、再造，這個方案原則上能獲得支持而通過。

人際

因為您有改革的思想和魄力，所以能夠吸引別人追隨您的腳步。

愛的小叮嚀

您是屬於改革派的，舉凡從事改革的人，都會獲得正反兩面的評價，一方面支持的人會認為維持現狀就是落伍，但另一方面的人卻會因為改革而失去現有的利益和優勢，因此會有衝突發生，自古以來，改革政策失敗居多，都是因為不能妥善處理衝突的問題，所以您雖然有決心、有魄力，但還是會面臨樹立敵人、引發激盪的衝突，並因而受到衝擊，所以，您可以更圓融一點。

武曲破軍

★ ★ ★ ☆ ☆

格局

運勢只能算平平，此外還有一些波折、驛動，凡事不容易立即彰顯績效的特徵，但此時您的心卻是不能安靜的，因而會顯得有些急躁，並且與人、事、物會有敵對的狀況。

事業

您會想要突破現有的格局，甚至往外發展，企圖「將餅做大」，不過，您的想法似乎不容易得到眾人一致的支持，因而，您這種講求開創的氣度會與一般人講求偏安的心態產生衝突，所以您似乎不能改變太多現狀。

財富

因為您的個性處於想要變動的狀態，所以對財務的規劃也會較為大膽，但因為績效並沒有彰顯，所以有名無實，收入不容易積蓄起來，呈現波動與財來財去的情況。

愛情

您和伴侶有貌合神離、同床異夢的跡象，或許您們正在努力保持之間的關係不要呈現惡化或緊張，但要改善卻是十分不容易。如果您還沒有伴侶，你不甘受限於一個人，並且不易遇到心儀的對

象，你會覺得打野食比較不囉唆。

學業與科名

中等還偏下一點，因為您的心根本不在課本上面，而是到處驛動，無法安靜下來，但在術科方面的表現可以達到中上。文書、企劃、創作方面，雖有強烈的企圖和突破，但無法完整表現出來，所以表現平平。

人際

因為您的焦躁會令自己和別人產生緊張，所以您雖然有振奮人心的功效，但大家會嫌您過於心急，搞得大家心神不寧。

愛的小叮嚀

雖然您有強烈的企圖心和行動力，不過因為環境並不那麼支持您的想法，所以與其變成一個徒呼負負的人，不如將這份理想好好發揮在自我充實與實力培養上，其實，許多不滿現狀的人最後也不見得能做出什麼大事業，這就是他們把太多時間花在無謂的怨天尤人和強烈批評上，卻沒有花時間在自己能力的提升上，戒之，戒之。

武曲破軍

★ ★ ☆ ☆ ☆

格局

運勢有破敗的跡象,真是「雲橫秦嶺家何在,雪擁難關馬不前」,您雖然四處奔波張羅,可是還是徒勞無功,甚至橫被干涉,事件的裂痕還是持續擴大,因此無法挽回頹勢。

事業

已經露出頹敗的跡象,但很可惜,您真是有「孤臣無力可回天」之憾,您的拯救計畫不獲得眾人的支持,所以似乎只有眼睜睜看著事業傾倒的態勢。

財富

不當的投機已經出現嚴重的警訊,甚至出現暴力恐嚇索債的情況,也可能您之前用不正當的方式賺取財富,現在終於出現問題,總之,因財持刀、因財生禍的態勢很明顯,因此,您必須好好計畫一下,如何在這波逆境中,避免受到身體上的傷害。

愛情

您與伴侶的關係跟南北韓一樣,是處於「準戰爭狀態」,所以您們之間刻意避免激怒對方,成為麻煩製造者的做法是對的,否則後果將會不堪設想。如果您還沒有伴侶,遇到戀情的機會是負的,

而且會與異性產生強烈爭執，因此您對異性充滿傲慢與偏見。

學業與科名

已經在被死當的危險範圍裡了，如果您是「天堂」電玩裡的人物，說不定還比較有發揮的機會，但您是現實生活中的人。文書、企劃、創作上，您實在搞不出什麼名堂出來，如果想做壞事，以目前的運勢而言，不出多久就會罩上露出兩個眼睛的紙袋上電視。

人際

您脾氣暴躁，甚至為了挽救頹勢不惜動用不當的方法與力量，因此可能因而走向不歸路，所以人人對您畏懼有加。

愛的小叮嚀

運勢真的不好，不但事業有無法挽回頹勢的徵兆，而且也有身體傷害，和運用不當力量處理事情的跡象，所以與其再徒勞無功，甚至適得其反的雪上加霜的做動作，不如一切委託專業人員來處理，力求傷害的停損，再來完善的處理結尾。

武曲破軍

★ ☆ ☆ ☆ ☆

格局

運勢充滿破敗、刑傷、孤獨，並有走向死胡同的不良徵兆。當然，一個人之所以走向絕路，除了環境的不順與違逆外，往往也要加上自己行為的不當與偏差。

事業

因為時運不濟，加上一意孤行，想要逆天而為，所以終於遭致嚴重的災難，甚至波及到自己身邊的人，因此您極度的沈痛與懊喪是一般人所不能體會的。

財富

因為認為富貴險中求，因而佈局了一個龐大的賭注，所以才會招致積欠大筆債務的下場，甚至許多債權人也會因此而遭受波及，成為您的替死鬼。不只如此，這個財務風暴還會牽動警調與黑道的注意，所以您應該注意自己的安全。

愛情

如果一定要搞到雙方家族與親人都捲入這場血腥風暴，可能是一件極為糟糕的事，因此您必須懂得放手。如果您還沒有伴侶，遇到戀情的機會是-100分，而且您也可能對異性動用暴力，甚至演變

成司法事件和社會新聞。

學業與科名

學校已經寄出勒令退學通知單了，您極可能曠課過多、記過額滿、考試未到、毆打同學、恐嚇老師、對校長比中指，這一切都不是一個學生應該做的事情。至於文書、企劃、創作方面，連「猴山仔」都做的比您好，但思想怪誕的您倒是可以規劃一個惡龍集團逃亡路線計畫，不過最後還是會中槍被逮。

人際

一聽到您來了，山裡的動物全跑光了，對不起，我也要溜滑板車走了。

愛的小叮嚀

有心成大器是一件好事，但也必須有運勢的搭配才行，如果運勢未至，就抱定不能流芳千古，也要遺臭萬年的心態，其實是害人害己，最後也會害到親朋好友，甚至引起社會一片哀嚎。因此，當心中充滿企圖卻不能如願時，切忌運用不當的手段和方法達成目的，而應該將這份力量化為充實自己的驅力，另外尋找出口，成為天下英雄是虛假的，成為自己的主宰才是真實的。

天同太陰

格局

好夯（ㄏㄤ）！真是王母娘娘下凡，以無限光明、溫馨的光芒化解所有的困難，登上五度五關的寶座！您不是用武力征服，也不是用權力威嚇，而是用誠心悅服、公關外交，再加上利益均霑，使大家蒙受其利，因而受到眾人的擁護。

事業

您不主張強力擴張，或自己獨佔版圖，反而採取社區共生的方式，將整個產業整合起來，變成一個共同體，使大家都獲得更多、更大的利益，這必須歸功您的口才便給，沒有私心，並且有和平及超人的智慧，我們愛您。

財富

Give me five！您的財富收入真是「油洗洗」！收入不但豐富，而且還能儲存起來，真是賺多少存多少！不只如此，您的格調極為典雅，所以您還會用這筆收入去好好享受溫泉SPA，連SKⅡ的Pitera面膜也都用最好的，您就是這麼會賺錢並享受人生。

愛情

像在青春嶺走青春運，小鳥都在枝頭唱歌，天使都在彈奏豎

琴，您會有浪漫得像羅曼史小說的愛情，您也沈浸、陶醉在裡面，只是您的異性緣太好了，有時難免會有點花花的。如果您還沒有伴侶，待會兒走出大門，就收到仰慕者的花了。

學業與科名

課業上，您想考第二名都很難，因為連號的獎狀已經寫好您的名字了，您也可以以最高票當選模範生。文書、企劃、創作方面，您的作品靈氣逼人，意境高妙，並且成為人們心目中的王母娘娘，人們將所有願望都寄託在您身上。

人際

只有一個字形容，您真是「神」。

愛的小叮嚀

您展現了一種不用武力與權力，反而以展現大和平、大繁榮的共同遠景來整合領導大家的典範，這個事實說明，世界上的成就不見得是世俗中想像的那樣，是「成王敗寇」的典型，其實，人類最難能可貴的是共榮共存。不過因為您實在太有魅力、太夢幻了，所以許多異性會對您怦然心動，您要把持得住。

天同太陰

格局

您以溫文儒雅的氣質，以及和善誠懇的態度，昭示繁榮和遠景，獲得支持，因而獲得發展的機會，成就事業，而且斬獲豐富。

事業

雖然您不會在現有的格局上做重大的變革和轉換，但卻會將它引導到「創意」和「創新」的境界，雖然您會獲得支持，但事情的進行還是有賴您的努力，所以您的意識力必須更加堅強。

財富

您不會坐等財富的降臨，也不會乾等一份薪水致富，所以您的創意會為您帶來不錯的財富！這時的您分析敏銳所以您的投資理財能獲利，除此之外，您也不會是個對自己摳門的人，您會用賺來的錢，好好買一些高級品來享受一下人生的物質樂趣。

愛情

大眾情人實在非您莫屬，您的氣質優雅，品味也不錯，所以自然會吸引異性飛來圍繞在您的身邊，因此您的伴侶雖然享受您給他的纏綿愛意，不過也因此有點醋意。如果您還沒有伴侶，會遇到很瓊瑤的愛情，兩人陶醉在不食人間煙火的愛情裡。

學業與科名

您的成績不錯，能維持在前端，尤其在文科和藝術科目，更是會有突出的表現。文書、企劃、創作方面是您的強項，您的文思細膩、條理分明、見解精闢，並且流露一股清新高貴的氣質，所以會獲得大家的感動和青睞，並為自己獲得一個機會。

人際

您有明星的氣質，又是大家的良師益友，所以大家不但喜愛您，還擁護您。

愛的小叮嚀

雖然您不用強力，依然能夠建立績效和進度，所以在民主時代，您這種氣質反而是有利的，不過在面對「奧客」和頑劣分子時，您會顯得比較無法處理，真是所謂「秀才遇見兵，有理說不清」。此時的您當然十分有理性，不過有時也會有些過於理想化，因此適當的與現實妥協，也是有其必要的。

天同太陰

★ ★ ★ ☆ ☆

格局

運勢大致而言算是平順中上揚，雖然一開始時會較不上手，但後來一切都還OK，您的心思保持在不願做太大改變的心態，但也因此不會招惹太大的波折，所以是崇尚平和的。

事業

您以守成為主，不過您會企圖在工作上加點新的創意，使工作的意境和層次能夠提高，因此雖然不會有大格局的改變，但卻能令人有新奇的感覺。

財富

算是有些還不錯的財運，您會希望用現有的財富去賺取一些額外收入，但太大的變動您又心生畏懼，所以您會試著去做一些平穩的投資，不過成效還好就是了，倒是買化妝品和奢侈品的支出，花了您不少錢。

愛情

您是不甘寂寞的，而且異性緣也不錯，不過，您與伴侶的感情仍維持的很好，您只是有點像貓兒一樣，有想要偷腥的嫌疑。如果您還沒有伴侶，可望遇到不錯的戀愛，對方的條件不錯，不過此時

的您，心還不是定著的。

學業與科名

能維持中間偏上的成績，學校的成績多能維持在一定的水準，然而一旦達到這個水準，您就會有些心猿意馬了，因此也很難突破這個關卡。文書、企劃、創作方面您也有不錯的成績，您的作品秀氣、清晰，不會有明顯與重大的缺點，但也不會有大突破。

人際

其實您的情緒和喜惡明顯，同時有點天真的孩子氣，不過面對不喜歡的人時，您仍能保持風度，因而人人都覺得您是個氣質不錯的人，所以也樂於與您接近。

愛的小叮嚀

雖然您能保持風雅的態度，不過您的心思還頗為敏感，其實就是這個內心的起伏影響您的成就表現，因為內心不平靜，自然沒有透晰的悟澈力，也不會將潛能激發出來。但您應該持續您優雅的風度，不用試著把情緒發洩出來，而是將它排解掉、分解掉，諸如找人聊聊天、逛逛街、做愛做的事，並瞭解情緒起伏是無益的，這樣才是最好的方法。

天同太陰

★ ★ ☆ ☆ ☆

格局

運勢有點低喔，雖然沒有受傷和破敗的徵兆，但卻有因為情緒引起的諸多問題，您的情緒過度敏感，而且敏感指數很高喔，好像敏感性牙齒一樣，稍微碰一下就發作！

事業

您呈現的是慵懶和無所謂的態度，意志力也變差很多，反而在小事上疑神疑鬼，這樣的態度，加上運勢偏低，所以就造成績效大幅滑落，但您似乎無法振作起來，還是到處懷疑別人是否偷偷裝了針孔攝影機在監視您。

財富

您不能安分的守住財富，可是在投資理財方面的sense卻變差，因而無法做正確的分析與判斷，所以才會失去一筆為數還不少的金錢。另外，您也無法節制金錢的支出，所以經常會購買價格高昂的消費品，這部分也令您成為卡奴一族。

愛情

您不能沒有愛情，不過您不瞭解愛情，因為您總是三心二意，您的伴侶在這方面已經無法忍受了，而且您也經常懷疑伴侶是否不

忠。如果您還沒有伴侶，雖然可望遇到愛情，不過它可能不是真心的，所以這段感情不穩定。

學業與科名

您的成績下滑，直到被當邊緣，因為您的心神不寧，不但處在無法自制的狀態，還處在荷爾蒙失調的非理智狀態，因而無心讀書。至於文書、企劃、創作上，您的作品呈現雜亂、無章、起伏、失真，給您帶來麻煩。

人際

您不太合理性邏輯的思考、語言和行為，會為別人帶來麻煩，成為別人的困擾，所以，大家在情感和行為上並不喜歡您。

愛的小叮嚀

比較不能夠光明、積極，而且有怪異的氣質、思考和行為，因此在事業、人際關係上也就更容易遭受挫折。同時，因為感情和情緒不穩定，反而有忠言逆耳的情況，相反的，甜言蜜語反而更容易叫人迷惑，因此，您應該多多跟在師長、好友身邊，並盡量聽取他們的意見，這樣才能避免衰事的發生。

天同太陰

★☆☆☆☆

格局

運勢超低的，而且很詭譎，原因在於您的思慮和感情非常不健康，善嫉、多愁、猜疑、脆弱，心靈容易受傷，並且非常憂鬱，因此可能引發心理或精神上的疾病。

事業

因為您的意志力薄弱，而且容易被騙，因而被視為「肉腳」令人宰割，並在被出賣後還幫人家數錢，完全不知道已經被推入火坑，或已經被人家霸佔了家業，您的思想有點問題。

財富

因為信任朋友、被異性欺瞞、分析偏差、判斷錯誤……等，而且一意孤行，所以遭受嚴重的財務損失與名譽受損，並且這波損失也會導致您出現憂鬱症與自殘的情況，再加上事發後，您沒有足夠的理性處理問題，問題會火上加油。

愛情

不是欺騙別人感情，就是被人欺騙感情，而且您也可能整天沉浸在不切實際的性幻想或羅曼蒂克中無法自拔，因而過度縱慾，還會因色惹禍。如果您還沒有伴侶，您不是採花賊，就是被蹂躪的那

朵可憐小花，而且事件還會因此擴大，不是失戀就能了事。

學業與科名

已經處於精神耗弱狀態的您，絕對無法應付學校的功課，您的精神狀態確實適合休息一陣子才好。文書、企劃、創作上，您無法完成一部作品，所以您在午夜裡流下悲傷的眼淚，並且企圖用刀劃過手腕來證明自己的存在。

人際

別人或許覺得您應該休息一陣子，免得干擾大家的安寧，而事實上，這對您來說也確實是比較好的。

愛的小叮嚀

不諱言，這是精神喪失的狀態，人稱「恍神之神」、「恍王之王」，因此，您應該避免斷然處理或決定事務，也避免增加壓力或精神上的負擔，選擇休息一下是最好的，您可以委託專業人士來協助您，朋友或異性暫時可以免了，以免反受其害。

天同巨門

★ ★ ★ ★ ★

格局

媽媽咪呀，真是慶甲掠不住的一尾紅龍！雖然並未一開始就立即進入佳境，不過一記滿貫全壘打一口氣迎頭趕上，遙遙領先，成為史上最有價值MVP，頗為功德圓滿，所以一開始時小小的停頓是用來激發您無限的潛能。

事業

您強調事業應該帶來幸福，但卻不是不切實際的浪漫主義者，您會有明確的思路去辨證出一條最佳的途徑，同時擁有說服別人接受幸福的強大能力，其實，您也是有幸運之神眷顧的唷，同時也適合交際，雖然不會一開始就發光、發亮。

財富

您的財富收入頗為豐厚，理財方式穩健，但卻相當清楚知道應該如何去保值與增值。您一部分的財富會拿來享受玩樂，也不會吝嗇奢華，另一部分卻深藏不露的進行著大家不知道的理財生息。

愛情

您是熱情和穩重的複合體，所以有時您是情人，有時是老爸或老媽，您愛他的心意是不容否認的，雖然您眼睛偶爾會看外面。如

果您還沒有伴侶，會遇到適合的對象，因為您能夠愛護他，所以他也會覺得有安全感，並且樂於接受這份感情。

學業與科名

您的大名從下港慶到頂港，從南港慶到香港，榮登全球華人名人堂堂主，您有細膩的心思並且能用豐富、美妙的語詞將它表現出來，因而感動很多人。文書、企劃、創作上，您的作品充滿幸福的美感，並且有一種強大的說服力，最後連對手也投您的票。

人際

您的活力和穩重拿捏得當，所以不會流於輕浮，也不會流於老成，您能滔滔不絕提供大家精闢的見解，為大家帶來幸福，所以是大家的參謀總長。

愛的小叮嚀

您的個性拿捏得十分恰當，能在活潑和穩重間恰得其分，而且謀略至深，辯才無礙，因此能憑著堅強的毅力建立新猷。您的運勢會越來越旺，越來越好，所以也算是好命一族的啦！

天同巨門

格局

運勢一開始時比較普通，但後來能漸入佳境，最後凡事都能得心應手，遊刃有餘，不過這還是要歸功您願意付出心力去解決問題，每當解決一個問題您就能往前一步。

事業

您適合以思慮、口才和對美滿生活的渴望來工作，您不是那種馬上打天下，也不是那種死板板的文書員，活潑但不是冒大險的工作適合您。此外，您的命也算是好的，能逢凶化吉，獲得不錯的運勢。

財富

您可以經由工作和交際而獲得不錯的金錢，您的金錢觀不錯，一方面可以用來增進生活情趣，一方面會用來做一些理財規劃，所以生活和財富都會有所增進。

愛情

您有時孩子氣，有時老練，但因為您嘴巴很甜，所以伴侶還是會被您掌控住，但切忌把這種哄人的功夫用在別的異性身上喔！如果您還沒有伴侶，會遇到適合的對象，您有時愛護他，有時依賴

他，您像糖一樣的嘴巴，讓雙方感情的進展不錯。

學業與科名

因為您能下工夫在課業上，所以能維持不錯的成績，您對功課能有獨特的見地，這是十分難得的特點。文書、企劃、創作上，您的作品雖然邏輯清晰，但仍能流露一股藝術氣息，所以可以得到大家的好評。

人際

雖然您不是領袖型的人物，但口才不錯的您，能給人許多建議，讓人非常受用，雖然您有時熱情，有時沉默，但原則上您是樂於助人的，所以還是受到大家的愛戴。

愛的小叮嚀

您是純真和老成二者的綜合體，不過最可貴的是，您能在途中克服難關，最後終能有所成就，而且也將個性琢磨得更好，同時更培養出克服和解決問題的能力，所以這才是最珍貴的部分。

天同巨門

★ ★ ★ ☆ ☆

格局

運勢不穩定，一開始不順，後來有好轉的跡象，但又好轉的不完全，有食之無味，棄之可惜的況味，所以您有些意興闌珊，精神無法強力振作，因此績效上暫時難有突破性發展。

事業

波折不免，但這個波折還不至於讓人措手不及，或大到令人無法應付，不過，所謂「一葉知秋」，所以您最好趁現在還來得及，盡快改正自己有些偷懶和消極的思想和個性，以迎接光明的未來。

財富

收入普通，但精神、策謀、煩心、焦慮上付出的不少，這時的您因為不甘財富累積太慢，所以有投機的傾向，不過效果並不彰顯。整體而言，汲汲營營，只是平平。

愛情

運勢平平，沒有突出的表現，您有雙重個性的傾向，一會兒熱絡，一會兒冷漠，因此久而久之，您與伴侶彼此就疲於再去注意對方的感受了。如果您還沒有伴侶，遇到對象的機率平平，不過交往的進展會因為您不確定的個性而呈現停滯的現象。

學業與科名

學校成績中間偏下，因為您無法專心讀書，而且運勢平平，您的情緒不穩是課業沒有起色的最大問題。文書、企劃、創作方面，因為您的思慮無法集中，因此無法做出一份好作品，所以不能獲得別人的認同。

人際

您表面上看起來正常，但事實上內心經常充滿起伏，您對人情世故、環境刺激很敏感，不過這都還在您意志力能夠克制的範圍。其實，問題有那麼嚴重嗎？

愛的小叮嚀

運勢普通，但內心情緒起伏較大，所以很多不快樂是自找的，而非事情原本就這麼嚴重，請相信，「情緒可以改變運勢」這句話，而且至少有20％的上下空間，這樣落差就有40％的空間耶！所以，Smile，要幸福喔！

天同巨門

★ ★ ☆ ☆ ☆

格局

運勢不太好喔！多做無益，一開始不利，後續也未好轉，不只如此，還因為自己的情緒呈現病態的偏差，所以使事情的發展更加負面，而且有口舌和小人在身旁終日纏繞，真叫人憂鬱症不發作也難。

事業

失敗的原因除了時運顛簸外，您錯誤的判斷、聽信小人的甜言蜜語，以及因為憤恨藏在心中，所以做出不正確的行為，都是失敗的人為因素，與您合作的人，最後都幾乎反目成仇了。

財富

當然也是散財的跡象，不只如此，因為錢財，也可能引發是非與訴訟，因為您可能是在被矇騙的情況下才做出不恰當的投資決策，不過您要舉證被騙的機會卻很少，因為您信任朋友，當初並未留下足夠的證據，或者聽信的只是他的甜言蜜語而已。

愛情

您可能是個愛情的受害者，但也可能是個愛情騙子，總之，都是因為您感情觀的偏差，所以才會造成這樣的情況。如果您已經有

伴侶了，會因為您的花心或不可理喻的情緒偏執而發生爭執，如果您還沒有伴侶，會偏向不被認同的戀情。

學業與科名

您的成績已經到了糟糕的地步，因為您無法克制自己使精神集中起來，所以您會有作弊的企圖，不過被抓的機會挺高的就是了。文書、企劃、創作方面，您無法完成一份作品，所以遭致很大的麻煩，譬如違約、失去參賽權、造成對方經濟損失等。

人際

您的嫉妒之心和善於算計之心，讓人很不舒服，甚至引起別人的仇視，而且您總是為了小事而記恨，搞的自己也極度憂鬱，甚至因而胸悶氣結，所以，您是一顆炸彈，隨時會炸掉別人和自己。

愛的小叮嚀

建議您有求助心理醫生或精神科醫師的必要，而且應該盡量避免做出決策或處理事情，此時的您，應該瞭解一動不如一靜的道理，因為正在氣頭上，除了滅火，做任何添加動作都是適得其反的，當然，為了避免小人的危害和官司的可能，您應該將事情委託律師或專門人士來處理比較好。

天同巨門

★ ☆ ☆ ☆ ☆

格局

喔喔，運勢相當不利，事情發展的波折會超乎您的預期，而且有小人、官司的麻煩一直圍繞著您，狗仔隊的鏡頭一直偷偷瞄準您的一舉一動，隨時準備無風起浪的掀起一片風暴，直到您精神崩潰為止。

事業

您因為情緒波動過分劇烈，而且心思糾結不能聽信忠言，因而做出嚴重的錯誤判斷，連最後一顆卒子也被對方吃掉，造成全軍覆沒的殘敗，血流成河，哀嚎遍野。

財富

您的後勤已經被敵方攻陷，補給路線也已經被切斷，所以處在完全孤立無援的狀態，不只如此，您可能病急亂投醫，因而做出更糟糕的金援求助行動，譬如向高利貸或地下錢莊借錢，這個舉動好像放清兵入關一樣，終於使最後一線生機也斷送了。

愛情

名列全國十大愛情騙子通緝要犯，而且您偏向喜歡已婚、歡場人物，甚至不倫之戀，也特喜歡SM，並要求對方扮護士或是日本高

校生。如果您已經有伴侶了，因為您趨近變態的行為，所以他會「花轟」。如果您還沒有伴侶，可能會上網尋求變態援交。

學業與科名

可能已經接到學校勒令退學通知單了吧！因為您成績六科總分還不到十八分，考試作弊被抓還嘻皮笑臉的大嘆時不我予。文書、企劃、創作方面，您完全沒有能力做出作品，只交了一幅名為「黑」的畫作，和一篇名為「一片空白」的作文，因此永不得超生。

人際

您多怨多恨，並且有心存報復的激烈心態和行為，令人感到不寒而慄，好像慈禧太后肅清宿敵一樣的眼神，叫所有人退避三舍。

愛的小叮嚀

運勢的乖舛，可以透過減少活動、低調、保守、委託專業人士等方式來降低傷害，但情緒與心理的問題，則不是語言所能規勸的，因為如果能被規勸，就不會產生精神問題。因此，此時您務必接受醫生的診療，如果這點您都做不到，那周遭的親人或監護人實則有必要軟硬兼施去執行，因為這樣，才是真正的解救他。

天同天梁

格局

運勢一開始平平，但最後有如神助一樣的反敗為勝，成為台灣艾科卡，以及現代德川家康，獲得最後大勝利，而且功勳彪炳，福澤蒼生，甚至可以德蔭子孫。

事業

您有麻辣鮮師的特質，是熱情與穩重的混合體，並且能在最後關頭，扭轉乾坤，反客為主，成為真正的決策者，同時也是因為這樣的焠煉，您更能體悟生命的真諦，也因此充滿慈愛，而非霸氣，這是更難能可貴之處。

財富

您有白手起家、空手打天下的架勢，好像朱元璋雖然一開始只是一個臭頭和尚，結果卻是一代天子，因此，只要您努力不懈，財富就會來到，但雖然富有，卻不是巨富，但已經很羨煞一般人了。

愛情

您的伴侶會是您的貴人，也對您有些囉唆，因此會「鬥嘴鼓」，雖然如此，有時熱，有時冷，才是老伴啦！如果您還沒有伴侶，遇到的對象是端莊賢慧的大家閨秀或知書達禮的名門之後，您

們的交往在冷淡後激情，在激情後冷淡，不過你們是滿速配的！

學業與科名

Bingo！您真是絕世少有的天才，實在是應該得到三甲進士、狀元及第，連老師、校長都打算讓您跳級直接拿到博士學位，以免被您考倒。文書、企劃、創作方面，您的作品格調典雅，意境浩瀚，因此全部評審當下便決定頒給您史上最佳作品獎。

人際

您的智慧超群，直逼孔孟，而且在困境中不絕望地力爭上游，眾人感動的流下眼淚，一起對您發出至誠的禱告。

愛的小叮嚀

雖然剛開始平平，但由於您有在逆勢中成長的特質，好像把一群放牛班的同學都教成天才，不但如此，您的心也充滿同情心和悲憫世人的情懷，也是因此，您才能獲得眾人的拱持和景仰，所以您應該保持這樣神聖的特質，這比事業成功更難能可貴。

天同天梁

格局

本來不是挺坦順的運勢，經由您積極的斡旋折衝，以及運籌帷幄，終於由逆轉順，所以後來的結果算是不錯的。

事業

雖然您本身擁有動靜皆宜的引人特質，不過也是因為得到眾人的幫助，以及因為善心灼灼感動神明，所以才能改變局勢，因此，您應該繼續保持與眾人以及貴人的良好關係，並保持一顆善心。

財富

您不是暴發的類型，您的財富是經由累積而來，不過因為您的能力不錯，所以收入也是不錯的，但到了一個不錯的水準後，再貪多也沒有了，不用再強求了。

愛情

您對感情的態度忽而熱情，忽而普通，所以您與對方真是所謂的「老來拌」（拌嘴），但其實您很在意對方。如果您還沒有伴侶，一開始不容易遇到理想的對象，但一陣子後，一位佳人或紳士就會出現了，他溫文儒雅，但不火辣。

學業與科名

成績不錯，不過因為您對新事務的學習吸收程度較差，是日後才逐漸迎頭趕上的，所以您應該提早做預習。文書、企劃、創作方面，雖然一開始您不能立即文思泉湧的下筆，但在經過一陣沈思和構思後，您就能展開進度，最後作品也會入選。

人際

您同時有成熟和青春的一面，能視情況的必要，而展現不同的特質，所以受眾人的喜歡，而您也是一位良師益友。

愛的小叮嚀

雖然您有轉換危機為轉機的能力，但切記，這不是您一個人的功勞，也不是個人能力所能達成，您的主管、長輩對您的提攜、授權、支持，是成功相當大的關鍵，同時，幸運之神對您也有所眷顧，因此您不能因而志得意滿，更忌諱強出頭，想要坐二望一，否則就會因而失去主管和眾人的信任與支持。

天同天梁

★ ★ ★ ☆ ☆

格局

運勢一開始時有波折，而且也極為奔波，等到努力播種的種子發芽後，情況才會有好轉的跡象，真是典型的先苦後甘型。

事業

您面臨很大的挑戰和刺激，但個性並非十分強悍的您，在經歷這樣的考驗後，終於將本身的潛能和堅韌表現出來，而且您也可以幸運的獲得長輩和貴人的提攜，因而可以度過難關，步上坦途。

財富

就是一般的收入，不過雖然不會有意外的金錢收入，但生活上的開銷絕對不成問題。您不適合企圖賺取額外利益，否則會引起國務機要費風波，您可以捐獻一點金錢，這不但不會影響您的生活，還會為您累積很好的福報。

愛情

您有愛情雙重性格，對伴侶有時熱情，有時冷淡，有時像小孩依賴，有時像長者冷峻，麥安捏，多點笑容嘛，而且您會有點疑心！如果您還沒有伴侶，遇到對象的機會平平，您與異性的關係忽冷忽熱，所以別人介紹對象給您的心也忽高忽低。

學業與科名

期初表現比較不好,期末考成績可以拉上來。您對新事物的學習能力略差,回家琢磨幾遍後才會開通。文書、企劃、創作方面,一開始的成品並未臻應有的水準,但經過反覆的修改就提升了。您做任何事都可提早完成,好讓自己有改進的時機。

人際

您算是維持社會安定和善良風俗的純樸老百姓,社會因為有您們這種同胞,所以才能長治久安。

愛的小叮嚀

老人家總是對晚輩嘮嘮叨叨說,為人應該敦厚善良,凡事先苦後甘,為了生活,所受的波折和苦難都應該忍受,最後,您就可以安定家族,並且頤養天年。這個看似古老的人生觀,或許為現代年輕人所不屑,但其實,你最好就是這樣。平凡中見偉大,平凡中見幸福,平凡中見真情,許多人都忘了這個真諦。

天同天梁

★ ★ ☆ ☆ ☆

格局

一開始就遇到困難，後來雖然歷經各種方法補救，卻只能稍微維持住局面，所以您好像拉著繩索不能鬆手，一鬆手橋就垮了，不鬆手也不能獨力將橋拉回來，因此有苦難言。

事業

您必須有貴人和長輩的鼎力相助才能脫離危機，不過望穿秋水，貴人總是遲遲還不出現，所以問題一時之間也無法解決，但問題宕延的結果便是您的精神壓力和心智耗損會更加加深。

財富

不會有額外的意外之財入袋，這點您大可放心。現有的固定收入也可能出現問題，譬如老闆遲發薪水、表姊的小孩沒錢註冊……等。您是一個容易受騙的人，小心點，不要心太軟。

愛情

雖然您不會用暴力對待伴侶，但在精神上施給他無法驗傷的傷害，您太多疑了，他受夠了您的精神虐待後，終於拍照存證成為日後分手的證據。如果您沒有伴侶，不易有戀愛發生，您似乎喜歡孤獨，並覺得漂泊與滄桑是一種美。

學業與科名

情緒處於不穩定狀態,因此成績處於被當邊緣,連朋友傳給您的紙條,上面的答案順序都會看錯,實在恍神到了極點。文書、企劃、創作方面,您現在腦波的頻率稍微異於常人,一般人無法明白您作品的真義,所以,謝謝再聯絡。

人際

因為您情緒有起伏或異常的徵兆,見解也異於常人,並偶爾做出令人無法理解的事情,所以人人敬鬼神而遠之。

愛的小叮嚀

不否認,運勢低迷加上性格有異常傾向,您會處於神遊太虛的情況,必須接受心理輔導和親友的建議,如果還不能改善,則須求助醫生和藥物,並不要再對事件做出任何動作,這時,宗教對您的幫助很大,此時的您要信奉正信的宗教,否則易為邪教所誘惑。

天同天梁

★☆☆☆☆

說明:天同、天梁皆為解厄化難之星,而且天同不懼化忌,天梁不化忌,逢空星只主信仰佛教,不主刑傷,因此沒有下下格,轉天同天梁★★。

廉貞天府

★ ★ ★ ★ ★

格局

HIT！您像黛安娜王妃一樣，以明星和皇室的光環吸引大家的目光和支持，所以應該保持這種群眾魅力，展開各種事務，但雖說如此，您還是有充沛的衝勁和魄力，並且能迎接挑戰，絕不是只會穿短褲秀大腿而已。

事業

您各方面的搭配都極為完美，各方面面面俱到，不過您不會企圖另打江山，而是在現有的格局下再去提升境界，而且很有美感喔，格調真是高貴，而這也是您吸引別人支持的地方，所以頗有「明星企業家」或「明星政治家」的味道。

財富

您不但收入頗豐，而且財源只進不出，所以府庫滿盈，到處堆滿了值錢的東西，您不但是一位傑出的理財專家，也是位生活家，對生活品質與格調有苛刻的要求，所以您不會吝惜犒賞自己。

愛情

您是個調情聖手，與伴侶可以享受奢華的生活，不過像您條件這麼好的人，又怎麼會沒有其他異性在覬覦您呢？如果您還沒有伴

侶，一段高水準的戀愛劇會上演，它不是八點檔愛來恨去那種，也不是偶像劇很發噱的那種，而是屬於豪門小開把女明星那種。

學業與科名

High的不得了，您穩奪第一，而且還琴棋書畫、說故事、演話劇無一不全，是明星級的風雲學生，連老師都對您十分仰慕。文書、企劃、創作方面，您的作品充滿高貴的氣質、磅礡的氣勢，真的是富貴逼人，花團錦簇，因此會獲得桂冠的推崇。

人際

因為您氣質高雅，而且還能保持豐沛的行動力，所以令人十分仰慕，眾人都十分樂於追隨您一起共創美好的前程。

愛的小叮嚀

運勢旺到不得了，如果說有什麼缺點的話，就是您雖有魄力，卻不願意將眼光放得更遠，做更大開大闔的發展，因為目前的享受實在令人沈醉，不過，這或許也不是缺點，只是特質。

廉貞天府

格局

　　一開始時運勢普通，不過後來經由您的折衝與處理後，把路上的石頭搬開，一切便順利起來，您能運用人際關係，也有號召力，發展的成果不錯。

事業

　　您會在現有事業上做更一步的擴展，不會死守，但也不會跨越太多。在打拼事業中，您還會注意自己的穿著與格調，所以雖然很忙碌，但做事的手法不是苦力型的，而是勞心、督導和指揮比較多，有明星、老闆或主管的架勢。

財富

　　不錯，您的理財策略是穩健中求取利潤，不是守財奴，但也不會躁進。不過因為您是講究格調的人，所以在自己的打理花費上，是不會吝嗇的，但對於別人就比較摳一點了。

愛情

　　雖然很多人企圖迷惑您，但您對待伴侶還是不錯，您們感情的聯繫也還不錯，不過因為您有人不風流枉少年的個性和想法，所以您的伴侶也找好徵信社要跟拍了。如果您還沒有伴侶，能遇到一位

美艷小姐或翩翩紳士，您們可以有一段香豔的戀情。

學業與科名

您成績不錯，如果不是您玩心太重，應該可以得到更好的成績，不過，您明星般的氣質，在這方面會給您加分很多，所以在學校還是備受矚目的。至於文書、企劃、創作方面，您的作品有商業氣息的特色和藝術性，所以可以獲得採用。

人際

您有美感的氣質和熱情的行動力，這兩者融合是很難得的，因此受到大家的喜愛，團體中，您很受人矚目和支持。

愛的小叮嚀

雖然您有亮麗的外表和熱情的活力，不過，您的小氣還真的有點需要改進，雖然這並不會影響別人對您的觀感，但會影響您的視野，如果您能更大方一點，在開闊的胸懷下，自然會有更大的世界，所以不要只對自己和情人好，對每個人都要博愛。

廉貞天府

★ ★ ★ ☆ ☆

格局

　　一開始原地踏步，後來才順起來，不過如果要宏圖大展，需要您花更多的努力才可以達到，原則上，您各方面的條件都已大致具備，不過您喜歡享受，這是明顯的缺點。

事業

　　您原先面臨一個走不出去的困境，只能在原地徒勞無功，白花油（浪費汽油）的轉圈圈，您有突破的企圖心，後來終於找到出口，但您習慣勞心，不喜歡勞力，喜歡開口，不喜歡動身，這會使成就打折唷！

財富

　　您有一點小小的財運，譬如薪水、獎金或六合彩比別人多個幾千元，但不至於成為富有，而且，您還習慣買名牌，而不是RBT（路邊攤），所以這些小財也守不住囉，但您得到了快樂。

愛情

　　您與伴侶的感情不錯，您也算是一個體貼並有浪漫行為的人，但是，因為您是個感情豐富，還算「博愛」的人，所以對愛情的忠誠度有待考驗。如果您還沒有伴侶，戀愛運不錯，對方的長相和氣

質OK，您們的進展也順利，但問題出在您有騎驢找馬的心態。

學業與科名

能維持中等水準，您的優勢在於能靈活，缺點則是無法盡全力，不過您在藝術科目的成績會較好。文書、企劃、創作方面，您不是一個墨守成規與傳統的人，您會運用新奇與流行的手法，為作品帶來創意，不過還需加強練習。

人際

因為您的氣質比一般人好，所以能得到大家的認同，在團體裡面，您算是能讓人多看一眼的人。

愛的小叮嚀

其實您很有潛力，不過您的努力經常止於困難解除之時，然後就跟著懶散了，也因此，您無法再度的精進，這是相當可惜的，否則您在經營和藝術方面的天分都不錯，如果可以好好下工夫琢磨，其實是可以做出不錯的成績，所以您可以不用那麼慵懶。

廉貞天府

★★☆☆☆

格局

運勢算不好，好像在迷宮裡繞不出來，雖然沒有大的災害，但也沒有什麼成就，所以會讓許多機會眼睜睜地從眼前溜走，而徒呼負負，所以也算是一種無形的損失。

事業

面臨的問題已經困擾您很久了，不過就像偏頭痛一樣，總是醫治不好，接著就引發頭暈目眩、心情沮喪、四肢無力，最後臥病在床，這完全是因為沒有發展性所帶來的精神挫敗和意志消沈，進而人彷彿生病一樣。

財富

廚房米缸裡的米也所剩無幾了，積欠人家的財務也償還不出來，不過此時的您因為礙於身段與面子，所以不會向人開口紓困，所以別人可能開始展開暴力或法律行動進行追討，ㄏㄡ，您會很難過喔！

愛情

因為您對情愛的需求量大，而且貪鮮，因而您偷偷展開外食之旅，您的伴侶會找人去抓猴，因而使雙方陷入緊張與決裂的關係。

如果您還沒伴侶，慎防愛情遊戲玩出問題，或是被人家用色陷害，因為如此而上電視或上法院也都有可能。

學業與科名

不好，原因在於您太懶散了，因此學業呈現2266（離離落落）的慘狀，您可能有作弊的行為，但作弊被抓記過的機會超高。文書、企劃、創作方面，您的作品十分零亂，因此被認為您在蔑視行政單位，甚至被要求賠償損失。

人際

因為您的思慮稍嫌怪異，無法有積極性的建議和作為，甚至成為眾人的負擔，因而不被大家欣賞。

愛的小叮嚀

除了運勢困頓外，您的個性也顯得頹廢，因此會讓事情變得更糟，同時您也要慎防這時有小人趁虛而入，趁火打劫，或嫁禍於您，同時在法律問題和意外傷害方面，更要注意它的發生。如果您已經事先預知會有這樣的問題，那就應該避免在這時聽信別人的話而做出決策，凡事可以與法律顧問做一番協商之後再決定。

廉貞天府

★ ☆ ☆ ☆ ☆

格局

好像在一個牢籠裡蹲著，進無路，退無步，處處掣肘，動輒得咎，您會覺得自己好像與一個囚犯無異，只能無助的等待審判，好像完全沒有希望了。

事業

已經走到絕路了，翻盤機會等於0，如果您曾經用不正當的手段經營事業，現在檢調單位已經開始入內大肆蒐證了，黑道也對您發出追緝令，所以您困坐愁城。

財富

面臨宣布破產的境地，同時您的債權人也已經聯合起來追償。一開始您的個性喜歡走偏門，並用了不正當的方法，終於釀成大錯，後來錯誤發生後，又想要用旁門左道的方法來處理事情，因此二度受傷。

愛情

您與伴侶的關係已經惡性質變，好像牛奶一旦變酸了，就無法將它變回原來的香醇。如果您還沒有伴侶，不會有真心的感情，只有相互玩弄、歡場尋歡，並且極有可能「中標」或剛好被臨檢的警

察逮個正著。

學業與科名

當您警覺到被當或勒令退學事態的嚴重時，已經是木已成舟了，如果此時您採取激烈的手段來抗爭，也可能鬧上警局。文書、企劃、創作方面，因為您的疏失或拖延，造成對方經濟、經營或信譽上的損失，您也可能因為著作權法、版權而惹上官司。

人際

真是「人見人落跑，鬼見鬼跌倒」，一片烏雲罩在頭頂，一隻烏鴉還在眼前「嘎、嘎」地飛來飛去，所以沒有親戚朋友啦，倒是鬼使神差虎視眈眈在一旁等候。

愛的小叮嚀

人生難得幾回衰，不歡更何待？大概就是這個寫照了。「代誌不是憨人所想的那樣」，所以悲劇往往也不是一夕之間發生的，而是有它的起承轉合，因此要避免悲劇的結局，就應該在一開始時就不要種下悲劇的因，所以，您應該想想，雖然環境困厄，但如能以平常、低調的心待之，不要因而鋌而走險、用不正當的方法求發展，或聽信小人的諂言，事情又怎會不可收拾呢？

廉貞貪狼

格局

您跟老虎伍茲一樣，不但打出史上最佳成績，囊括五個大滿貫，而且名列最受歡迎的大明星，簡直就是老虎六隻。您的戰鬥力旺盛，完全按捺不住寂寞，玩得很大，很敢玩，加上運勢旺盛，終於一發不可收拾地完成霸業。

事業

您善於運用本身獨特的魅力去開疆闢土，同時兼具前鋒官和外交官的特質，因此您在最少的成本與兵力之下，做最有利的成就與收穫，不但如此，您外交官迷人的風采，真叫人為之傾倒。

財富

您習慣玩大車，不玩小車，因為運勢超ㄅㄧㄤˋ，所以財富便一車一車的進來了。不過因為您是注重應酬交際與自我品味的人，所以這筆收入，絕大部分您會用來享受，而且有孟嘗君養客三千的風範。

愛情

您的魅力讓異性都「凍袂條」，粉絲每天跟蹤您的一舉一動，有的Fans還因過度激動的嘶喊而暈厥。您與伴侶在心靈與身體上都

能得到高度的滿足，但怎會沒有異性覬覦您呢？不要故意被騙喔！
如果您還沒有伴侶，待會兒走出去，就會遇見一票追求您的人了。

學業與科名

成績超優，尤其藝術課程，更是直追皮爾卡登，您實在太令人
驚豔了，選美時囊括大半選票。文書、企劃、創作方面，您的作品
堪稱一絕，美感與風格完全與傳統大異其趣，冶艷中帶有高雅的意
境，並且有異國情調和神秘氣息，所以大獲全勝。

人際

民間傳說拜狐仙可以增進人際關係與受人喜愛，但狐仙的功力
都沒有您厲害。

如果人生是一場遊戲的話，無疑的，您過得最風光、最精彩、最快
樂，倘若說有什麼缺點的話，應該是異性緣太好，會為您帶來困
擾，或令您把持不住，這對以形象與人氣取勝的人而言，是最大的
威脅和傷害，因此，您應該多注意自己的行為，以免在狗仔隊的無
風起浪神功下，吃了虧。

廉貞貪狼

格局

　　不錯喲，您的運勢好，桃花也好，戰鬥力也不錯，適合開發事業，所以此時，您可以運用形象魅力和公關手腕去打破許多僵局，進而開創出新局面。

事業

　　雖然您不畏懼投注大量資金與賭注，也不是沒有經營能力，但您更能以外交和交際的手段和方法，去穩固和開發事業，因此，是個不錯的公關經理人才，更可貴的是，您的事業心強烈、眼光長遠，也不輸給市場開發人員。

財富

　　您會直接訴諸賺大錢的方法，因為運勢不錯，所以收入還算好，賺了錢之後，您一部分的錢會繼續尋找賺錢的管道，一部分會拿出來與大家共同享樂，同時，您對自己生活品質和門面打扮根本馬虎不得，因此在這方面的花費也不少。

愛情

　　您很有異性緣，經常收到示好的訊息，因此您的心裡有些癢癢的，也開始反對一夫一妻制，並贊成通姦除罪化。您善於經營愛情

生活，讓雙方都感到滿意，除了忠貞度有待考驗以外。如果您還沒有伴侶，會遇到美麗冶艷的對象，雙方可以很快進入熱戀。

學業與科名

還算不錯，但您的心思經常受到外界的誘惑，不過您並不認為犧牲玩樂換取成績是值得的。文書、企劃、創作方面，您揮灑獨特的自我和美感，而您的表現也讓大家認同，您一切以美和藝術為基調，去追求感官的成就。

人際

您青春活潑又美麗，有錢大方不小氣，跟著您，準會有好事發生，所以人氣不墜。

愛的小叮嚀

此時您還頗有企業家第二代的氣息，能在事業、感情、遊樂各方面，都有不錯的表現，算是沒有遇到太大的波折。不過，因為您家裡與公司待不住，喜歡到處趴趴走，並且喜歡用交際手腕處理問題，所以久而久之，會對正統的經營感到無奈，而且也會對繁雜的制度流程感到厭倦，而這也將成為您的弱點。

廉貞貪狼

格局

您有桃花運，也有做事業的企圖，桃花能增進人緣，使事業順利，但也能使人沉淪，使事業破敗，如果運勢不旺的話，往往不能兩者兼顧，因為運勢平平，所以您必須注意不要被桃花所牽制。

事業

您有魄力去開發，但也會過分浪漫和不注重現實，而遭受阻礙，原則上，如果您從事藝術、消費、美與前衛的事務會較得心應手，一開始不要投注太大資金會比較穩當，但您喜歡賭大的，所以風險也高。

財富

您無法克制慾望與玩樂的心，所以經常會手頭有點緊。因為運勢平平，所以您在投資方面的勝算並不會太突出，不過在裝扮、置裝、玩樂方面，您還是會「凍袂條」去消費，但至少在簽大樂透上，您應該有所節制。

愛情

您不算是一個忠貞的情人，而您也不認為忠貞是愛情的態度，人生嘛，就是一場遊戲，所以您與伴侶經常在玩警察抓小偷的遊

戲。如果您還沒有伴侶，雖然可望遇到異性，但是遊戲人間的類型，善男信女您很難遇到。

學業與科名

表現普通，您浮動的心無法安定，所以課業成績難有突破，您會運用小聰明與敏感度去應付課業，但難有大成。文書、企劃、創作方面，雖然您不落俗套、有意象感，也有美感，但心智不夠穩定，不能淋漓發揮。

人際

您有人緣，也能帶動團體的氣氛，不過因為沒有足夠的成熟度，所以尚不足影響大眾，這是要多磨練的，將有人緣的特質轉換為個人獨特的魅力。

愛的小叮嚀

您的運勢不好不壞，不過呈現不穩定、喜歡虛華、容易受影響與受牽引的傾向，所謂「近朱者赤，近墨者黑」，如果您能理解到這點，而與善類在一起，遠離一些迷惑您的小人，必然可以躲過一些責難，進而轉換自己的個性，讓自己成為「有夢最美，逐夢踏實」的人，而不是一個整天只會「練肖話」的人。

廉貞貪狼

★ ★ ☆ ☆ ☆

格局

您處世圓滑，因而顯得有些沒有原則；喜歡風流，不過卻顯得格調有些不夠；做事不喜歡拘束，不過卻被人覺得無法安排、掌控；鋒頭上衝勁十足，不過後續卻虎頭蛇尾，而且有臨陣脫逃的嫌疑。

事業

哈拉哈拉絕對不是好的特質，加上運勢有點偏低，所以您最好不要再有什麼天馬行空或異想天開的想法和舉動，否則會踢到XL的鐵板，而且有法律訴訟的可能，兄弟，嚴肅點！

財富

有強烈破財和耗損的徵兆，您從不認為固定的工作和收入是致富之道，不過您的投資顯然是陰溝裡翻船了。再者，您沒有節制的花費和購買並非必要的奢侈品。您處理財務不良，還可能因而惹上官司，所以您要克制自己的慾望。

愛情

有因色惹禍的傾向，不管是您辜負了別人感情因而惹禍，或是別人玩弄您的感情而惹禍，這一切都是出自於您崇尚虛華的愛情所

致。如果您已經有伴侶，會做出背叛他的事，如果您還沒有伴侶，愛情是毒藥，不是糖果。

學業與科名

一直在死當邊緣徘徊，您有可能想以作弊來獲得更好的成績，不過失風的機會很高喲！文書、企劃、創作方面，您無法提出好的作品，甚至被人認為這樣的遊戲態度是不負責任的、褻瀆的，此外您也有可能以抄襲去應付，結果惹出風波。

人際

雖然您有些有趣，但原則上，被人認為不登大雅之堂，甚至過於流裡流氣，跟痞子差不多，所以不被大眾認同。

愛的小叮嚀

不切實際的浪漫和堅持，會變成精神上的幻想，再加上運用強烈的意識和不正當的手段去實現它，後果自然可想而知。但人之所以經常不知道自己已經陷入這種無法自拔的流沙裡，是因為物以類聚後，身邊都是這樣的人，因而自然無法發現自己正在走向絕路，所以您應該及早抽離這個泥沼，走入理性的社會，否則後果只會更嚴重。

廉貞貪狼

★ ☆ ☆ ☆ ☆

格局

您真的要特別注意，因為壞運勢會像排山倒海般傾盆而來，不但來勢洶洶，而且有惹上官司的強烈跡象，因此，如果您不能妥善處理，就可能兵敗如山倒，最後成為階下囚。

事業

因為您喜歡玩大車，因而也玩出大問題，當問題產生時，您不會企圖用正常的手段去處理，而是想透過不正當的手段與方法去處理，因而使問題越來越嚴重，乃至無法收拾。

財富

因為您的心智偏頗，做出錯誤的決策，並且不肯接受別人的意見，因而在一開始時就註定日後投資失敗的命運，您的資金也可能是借貸而來，而在投資過程，您也越貸越多，債權人透過法律或黑道的追討來了。

愛情

您因為不正當的感情付出強烈的代價，包括龐大的財務損失、被人追砍、遭檢警拘提等。您以為縱情聲色是真愛，奉承諂媚是真意，殊不知，這些都是迷幻藥，只能使人麻痺，喪失真正的知覺，

不能使人看清事實。

學業與科名

退學通知單已經寄來了，您成績滿江紅，亂搞男女關係，素行不良，簡直跟校園中的地痞流氓沒啥不同。在出名方面，恭喜您，您確實紅了，而且還是電視和報紙的頭條。

人際

前面說過了，您根本就是地痞流氓，咦，您不是正在被通緝嗎？

愛的小叮嚀

冰凍三尺非一日之寒，今日會有這樣的結局，自然是一開始思想偏差走錯路，繼而剛愎自用不願改正，並且持續用強烈的非法手段想要挽回頹勢，所以才會造成全盤皆輸。事到如今多說無益，唯有記取教訓，改過自新，才能使挫敗有所意義，如果還一味自怨自艾不知悔改，就真的萬劫不復了。

廉貞天相

格局

喔，Yeah！打出一支四分打點紅不讓的大逆轉，得到世界經典棒球賽年度總冠軍！您動靜皆宜，在活潑討喜的交際手腕下，還有深藏不露的謀略智慧，實在可圈可點，因而在權力、財富、聲望和成就各方面，都有傑出的表現。

事業

一開始時會有不順的狀況，不過這是為了要引發出更大的成就，您可以排解這些困難，這個成就是要付出努力的。除此之外，您善於掌握外交的特質，凡事以和為貴，並且懂得尋求資源和協助，更能廣建人脈，所以能事半功倍。

財富

您的理財方式是打帶跑、防帶攻，您會在風險控制下去從事投資，所以您還是累積了一筆很不錯的財富。獲得財富後，您有一部分會存起來，一部分會拿來享受，不過一般而言，對自己比較慷慨，對別人比較小氣。

愛情

感情穩定、甜蜜，雖然您的條件很好，也很有異性緣，您也會

欣賞美麗的異性，但越軌的行為少，不過面對異性主動的挑逗，您就不一定能如此坐懷不亂了。如果您還沒有伴侶，可望遇到一位超優的異性，您和他會有很好的發展，並受到眾人的祝福。

學業與科名

當然也是快樂的不得了！因為您的聰明、想像力和專心讀書的指數都很高，所以可以獲得獎勵。文書、企劃、創作方面，您可以做出超水準的作品，您的風格偏向在四平八穩沒有缺點的架構中去揮灑廣闊的想像力，得獎非您莫屬！

人際

您既有明星的魅力，又有長者的智慧，也有帶領大家的勇氣和魄力，因此會受到大家的愛載，您是My God！

愛的小叮嚀

運勢非常旺盛，但卻仍是辛苦不免，這個辛苦倒不是身體上的奔波或操勞，而是任務的衝擊與變數的發生，使得進度受影響，但這些挫折都可以克服，進而獲得成功，所以，這樣的運勢雖然不是一帆風順型，不過您卻可以因而體驗到更多人生難得的經驗和真諦。

廉貞天相

格局

您會在不斷的挑戰中逐步前進,好像打橄欖球一樣一碼一碼的挺進,而非一下子就達陣成功,不過這場球賽,您有很大的勝算,所以值得您去拼搏,雖然處在這樣充滿挑戰的環境,但您仍有不錯的EQ和交際能力,這會使您加分不少。

事業

辛苦難免,而且成功不會那麼早來到,可喜的是,一切都呈現有利的狀態,所以您會繼續支持下去,直到一個美好的結果出現為止。

財富

雖然您不會一下子就累積財富,但最後還是可以聚財,您處理財富的方式是在策略操作中獲利,但您不是暴發的類型,不會一夕致富。除此之外,您的配偶也會為您帶來財富,或者,他會為您做很好的理財和持家。

愛情

您與伴侶可以共同開創事業,不過難免會有一些爭執,有些異性主動示好時,您的伴侶也很容易打翻醋罈子,但是,床頭吵,床

尾合，OK啦！如果您還沒有伴侶，可以遇到條件不錯的異性，雖然一開始時進度有些緩慢，但後來就順利了。

學業與科名

您的成績不錯，經常保持在TOP 10，您能夠靈活運用，反應不錯，而且您的文藝天分也不錯，這對您會有加分的效果。文書、企劃、創作方面，您的作品穩重，透露出創意和新意，可以獲選。

人際

您有活力也能沈著、有動力也有謀略，亦師亦友，得到大家的歡迎。

愛的小叮嚀

您是個圓融的人，能在各種特質間取得平衡，雖然如此，幸運之神還是要磨練您一下，所以您還是需要一步一腳印的慢慢打出江山，所謂「天將降大任於斯人也，必先苦其心志，勞其筋骨，餓其肌膚」，所以，您承受的歷練都將內化為心志裡更有用的因素，或許這樣的歷練，並非人人都有的，所以，您應該以更寬容的心態來面對試煉。

廉貞天相

★ ★ ★ ☆ ☆

格局

您是屬於那種需要經歷考驗的運勢，所以境遇一開始不會太順利，您會面臨問題和波折，您必須去解決它，這是您「意義」的所在，還好，您的EQ算是不錯，所以能面臨這些考驗。

事業

您暫時無法走出大格局，現在您還在接受歷練，因此，您必須以解決問題、培養能力為首要，所以當面臨任何困難時，您都應該抱持著接受磨練的態度，這樣日後，您自然會比別人擁有更高超的能力。

財富

普通，您會有其他的理財規劃，雖然這樣的想法並沒錯，但因為時機現在不是站在您這邊，所以您的理財計畫可能不會有太好的績效，因此您還是應該盡量採取保守的策略即可。

愛情

您有活潑特質，也有安全感並穩重，但是因為異性緣不錯，因此，您的伴侶會對您「嚴加管教」，因而埋下爭執的種子。如果您還沒有伴侶，可以遇到一位對象，不過進度沒有想像中的快，因為您

們之間的磨合可能需要一點時間。

學業與科名

成績似乎沒有達到理想，原因在於您的考運差了一點，不過後面的考試成績可以拉上來。文書、企劃、創作方面，您的作品可能成為遺珠之憾，除了運氣不好之外，想像力沒有完全發揮，沈著的氣質變得有些老氣，便很難脫穎而出。

人際

因為您的個性動靜皆宜，所以還能受到歡迎，不過因為沒有建立功蹟，不容易受到別人的肯定和愛戴，這是現實的。

愛的小叮嚀

一個有才能，但因運勢不佳而受到限制的人，其實內心是苦悶的，不過還好，您還能經常檢視自己，但內心的翻攪起伏當然是無法避免的。所以，您應該體認一個道理，那就是困厄是修練的所在，而修練正是價值的所在，正所謂「無劫不降道」，如果您能體驗這個道理，人生將會有比別人更輝煌的成就，否則，在自怨自艾中過活，人生反而會更晦暗。

廉貞天相

★ ★ ☆ ☆ ☆

格局

因為運勢的困厄和衝擊，您已經逐漸失去耐性，因而變得有些投機取巧，您的聰明會逐漸用到不正當的地方，您的交際能力也會成為群聚肖小的手段，這實在非常不好，而且也有惹來災禍和訴訟的可能。

事業

除了原有的困厄外，還有新的利空因素也都在衝擊破壞，您本身沒有堅定的自主性，如果受到壞朋友的慫恿或利益的誘惑，便容易做出不正確的判斷和行為，而且行為的後果極可能牽扯到財務的損失和法律的問題。

財富

呈現負債，原因在於您投資失利，而投資失利的原因在於您輕易聽信別人的吹噓，因而受騙上當。此外，您也有可能覬覦公款或別人的財務，並藉工作之便順手牽羊或暗渡陳倉，但最終，這都是會東窗事發的。

愛情

有因色惹禍的跡象，因為您本身具有異性緣，容易出軌，甚至

還必須注意性病或性器官疾病。如果您還沒有伴侶，您不會真心要一段穩定的感情，而是希望有一場遊戲，但因為遊戲過了頭，或蓄意欺騙別人的感情，因而惹出禍端的機率高。

學業與科名

您被狐群狗黨牽著鼻子走，學校的課業一落千丈，您會用作弊的方式來企圖闖關，但失風被捕的機會也很高。文書、企劃、創作方面，您現在根本無心作業，都是在敷衍了事，您可能竊取別人的作品或創意，因而惹出爭端。

人際

您是個容易受人擺佈的人，正是台語所說的「人講不聽，鬼牽叩叩行」。

愛的小叮嚀

運勢不好再加上自我把持度不夠，一群人就會聯合起來為非作歹，現在社會上有許多這樣的例子。運勢不好的時候，人應該學習沈潛、低調，並體悟平凡的可貴，有時，能夠安分守己也是一種幸福，但多數人在功利主義的時代，往往渴望不切實際的成功，甚至因而鋌而走險，這都會為將來種下不好的因果，所以此時您更應該好好想想，沈潛下來。

廉貞天相

★ ☆ ☆ ☆ ☆

格局

完了，代誌大條了，這時連神仙也救不了您！東窗事發了，幾乎該揭發的壞事都注定要揭發了，所以您也只能等著接受法律的制裁或黑道的追殺，不過如果您真的沒做過壞事，情況倒不會那麼糟糕，但被人誣陷、倒債的可能性極高。

事業

現在已經兵敗如山倒，好像項羽到了烏江頭，一切也都無可奈何了，因此您應該立刻設下停損點，將損失減到最低，以便來日自己能有翻身的機會。

財富

缺口有如一個大黑洞，再也無法填補了，而且還伴隨司法與黑道的問題，在此之前，您本身處理財務的態度就相當值得爭議，完全在別人的操控之下。不過也有可能是您一時貪念，所以才會成為黑白兩道追殺的對象。

愛情

因色惹禍是免不了的，這起源於您對愛情的態度玩世不恭，並且過於玩弄感情，以致於玩火自焚。也有可能是，別人早已設下的

仙人跳，要您跳下去，而您卻以為天上掉下禮物，因此活生生的就被坑殺了，還從此身敗名裂，體無完膚。

學業與科名

退學通知單應該寄到家裡了，可是您卻一點也不在乎，因為現在的您，自以為是古惑仔英雄，在混混幫派裡逞兇鬥狠獲得成就感，並以為在街頭飆車或撒野是英雄的事蹟。如果說紅嘛，您確實紅了，因為連街頭巷尾的小孩和阿婆都認得您。

人際

人們不怕大哥，因為大哥不會隨便出手，反而害怕混混，因為混混是沒有道理和道義的，而現在，人人都怕您。

愛的小叮嚀

運勢確實很衰敗，但真正使人衰敗到極點的，卻是人在氣衰時，又偏偏走夜路，如此才會碰到鬼，所以如果以不正當的手段處理問題，受傷、自殘、破產、負債、訴訟……等，都是免不了的，因此，這時您應該更懂得彎下腰來承受這些打擊，自我反省，千萬不可「帶賽」走歹路。

廉貞七殺

格局

哇喀喀，戰鬥指數破一萬分，高居KO榜史上最強、最多粉絲的打拳擊王，真是Hero！您可以利用這個機會好好打下一片江山，大幅擴張版圖，許多沉痾積弊都可在此時做一番整治，不過您不是屬於一般沙場戰鬥型的，您有驚人的創意，這才是您致勝的關鍵！

事業

您會積極去攻略新的市場和開發新的領域，這雖然是極為辛苦和冒險的事，不過因為您的鬥志昂揚，不斷產生新意，所以適合做這樣的事，您有大將軍的氣勢，能大開大闔，適合開疆闢土，又有一股迷人的魅力。

財富

可望獲得巨財，不過您的財富流動性偏高，或者轉換為投資基金或生產設備，而持有動產、消費品的比例偏高，因此您應該將更多的金錢投入到諸如不動產，這樣才能確保財富留在身上。

愛情

其實您愛他，但聚少離多，雖然您的伴侶能體諒您的處境，但還是顯得孤寂。如果您還沒有伴侶，可望遇到一位高貴美艷的異

性，雙方會立刻陷入熱戀，不過這種閃電型的熱戀，當然日後還是會經歷一些考驗。

學業與科名

反應出奇的靈敏，因而在學校課業上，能維持優等的成績，而且對藝術、體育也十分有天分。文書、企劃、創作方面，您的作品不依循成規，而是在後現代的風格裡大膽展現豪放的意象，並可獲頒最佳設計獎和最佳創意獎。

人際

因為您有帶領大家的能力和架勢，而且有一股明星的魅力，所以實在風靡不少人，大家把您當超人與偶像一樣的崇拜，您跟魔鬼阿諾一樣，簡直打不死。

愛的小叮嚀

運勢實在有夠旺旺旺，不過也是要付出相當勞碌的代價，這個勞碌包括身體上的力行、奔波，以及費心費神的操勞，不過還好的是，因為您精力旺盛，而且樂在工作中，越忙越HITO，所以一切都在掌握中。不過人處在這種高壓的狀態拼命也並非常態，所以您也應該適時的放鬆自己。

廉貞七殺

格局

運勢不錯，戰鬥指數高，個人有魅力，所以做任何事都順手，您給人很好的亮麗印象，卻又有獨特的行動力，尤其是在開發、創新、拓展新領域上，更是可以大展伸手。

事業

您不會甘於平凡，也不會安於現況，所以您會積極去尋找突破的可能，並將「夢想」付諸實現，原則上，您是一個很敢夢、很敢做，也很敢去承擔的人，愛恨分明，文書或靜態的工作比較不適合您發揮所長。

財富

雖然財運不錯，但您的財富是屬於流動財，或者轉換為投資基金或生產設備，所以很少能入庫為安。因為您是屬於戰鬥型的，所以對資產和人身進行一些投保是需要的，這樣能規避因為衝擊引發的損失和風險。

愛情

雖然您珍惜和他的感情，但因為和伴侶聚少離多，而且您本身有異性緣，所以這段感情是受到考驗的。如果您還沒有伴侶，可望

遇到一位條件不錯的異性，您們彼此看對眼，不過快火易焦，日後感情是否穩定，仍有待觀察。

學業與科名

對理科與藝術科有專長，有足以傲人的地方。文書、企劃、創作方面，您並不會在意是否受到評審的青睞，而是在意自己的作品能否表達出自我獨特的風格，但還是會吸引前衛藝術者的注意。

人際

您獨特的魅力和勇敢的特質，會吸引人注視您，所以您在同儕裡，算是有影響力的人物。

愛的小叮嚀

您是一個積極，而且求好心切的人，所以在不經意間，會因為要貫徹任務與使命，而流露出強勢的作風，雖然這並非大毛病，不過在現代社會，部屬或同儕之間講究的是相互尊重，所以您的強勢會因而得罪人，別人也非一定要與您共事不可，所以您應該多讓自己的個性圓融一點，這樣對自己和別人都有好處，而且您要小心在工作中受傷。

廉貞七殺

格局

運勢普通，不過您的戰鬥意志高，在能量未能良好發揮的情況下，心情難免會有些鬱卒。您的外表給人感覺不錯，也很將才，不過內心愛恨其實很分明，企圖心更是遠大。

事業

您不會屈居小事業，並對環境有改革的理想，不過因為時運並未好到能讓您大展身手。因為您理想過高、操之過急，所以才會產生倍感辛苦、時不我予的感覺，此外，要注意身體上的刑傷。

財富

沒有特殊的財運，不過因為您會去從事一些投資甚至投機活動，但因為時運未濟，其實並沒有什麼額外的利潤。不過對於精力旺盛的您而言，其實您可以考慮再做一些兼職，除了可增加收入，又可以讓自己獲得更多的成就。

愛情

您是一個好玩的情人，至於是不是一個好情人，則有待考驗，至於是不是一個好伴侶，當然更無法確定。您無法安定下來，會以追逐一段段感情為樂。如果您還沒有伴侶，可以遇到一位大方的對

象，不過您們彼此之間的真心有待考驗。

學業與科名

非常普通，不過您的理科和術科會比文科好，而且您的心思已
經不太在書本上了。文書、企劃、創作方面，雖然您的作品有表現
出新穎的創意，但相當可惜的是，並沒有將整個作品做完整的設計
和細緻的完成，所以並不能獲得很高分。

人際

在團體裡，您算是獨特的，而且有一種神秘感，不過因為您的
成績並非太突出，所以不會真正引起別人的注意，而您也不在意非
跟大家在一起不可。

愛的小叮嚀

因為胸懷大志，但時運並不足以讓您一飛沖天，所以您獨特的意識
便化為憤世嫉俗的言論，或成為獨來獨往的獨行俠，不過其實您內
心澎湃的感情和理想並未消滅。所謂「山不轉，路轉；路不轉，人
轉」，如果您覺得現階段有志難伸，不妨多角度的經營自己，累積經
驗與人脈，更將自己的生活活化起來，這樣等到時來運轉時，就能
更容易成功了。

廉貞七殺

★★☆☆☆

格局

您的運勢偏低，而且有受傷的可能，所以凡事應該盡量保持低調，雖然此刻您的內心其實是充滿鬱卒，不過人在這種狀態下所做的決策和行動，往往才是最容易出錯的，因此您應該培養內斂的氣質。

事業

您會非常疲憊，一方面事業的病態已經很嚴重了，不但漏洞百出、虧損連連，如不大刀闊斧導正幾乎無法生存，但一方面，改革的凝聚力卻極為鬆散，所以您空有一片理想，卻無法著力。

財富

舊的財務缺口逐漸擴大，新的債務又持續產生，正是屋漏偏逢連夜雨，不過此時的您可能會病急亂投醫，尋找地下錢莊或不正當的方法來彌補，也因而造成財務問題的惡化，並埋下日後無法處理的種子。

愛情

您與伴侶的緊張關係已經面臨分裂的情況，您疏於照顧彼此之間的關係，而且對愛情的態度也不夠真誠，說不定，您還在外面衍

生了一些感情糾紛。如果您還沒有伴侶，會遇到一位遊戲的對象，但他絕不是好惹的，小心反被女王蜂的針螫到。

學業與科名

或許現在的您反而比較在意在街頭和大家一起廝混的樂趣，再繼續下去，接到退學通知單是免不了的了。文書、企劃、創作方面，當然也是一塌糊塗，您的心已經不在了，別人根本不知道您在想什麼，而您也不知道自己在想什麼。

人際

您現在是「約翰走路」，黑牌的，大家對您退避三舍，或許您覺得自己是英雄，但其實大家當您是腸病毒。

愛的小叮嚀

面臨無法發展的窘境，可是內心很想有一番作為時，很多人會以走險路或為非作歹的方式來突圍，可是站在理性的角度，這卻是頹廢、越陷越深，因為沒有一個人可以用不正當的方式獲得成功，如果一開始我們就懂得更沈潛、更低調，就不會將破壞的火花蔓延的到處都是，以致害人害己，趁現在還來得及，趕快回頭吧！

廉貞七殺

★☆☆☆☆

格局

事情不好了，火燒厝了！您最好避避風頭，否則後果不堪設想！運勢的兇惡可能超乎您的想像，所以您應該尋求正當管道與方法來處理事情，如果您尋求不正當的管道處理問題，就像「請鬼拿藥單」一樣，因而病入膏肓，一蹶不振。

事業

因為您企圖心過於強烈，但在機運未搭配得當的情況下，所以選擇走歹路，但夜路走多總會遇到鬼，因此引發連鎖的爆炸，使以往的成就都在一夕之間破敗，不只如此，警方和黑道也都陸續趕來了！

財富

您引發了一個金融風暴！在您心中，富貴險中求，所以鋌而走險是您的一貫策略，但這樣的求財方式，總是會爆發問題的，所以您以往用不正當方式所獲得的財富，現在都已經被黑白兩道鎖定，這關您是很難過了。

愛情

您與伴侶的衝突已經不是互毆或互相傷害而已，而是已經變成

兩邊人馬一觸即發的火爆衝突，而且會衍生法律問題出來。您花名在外，現在他們也都會向您展開報復行動。如果您還沒有伴侶，會遇到一段感情，但這絕對是一段冤孽。

學業與科名

學校退學通知單已經寄來了，您每科缺考，欺負同學，威脅老師，想要打校長，您崇拜古惑仔，希望繼承東興的扛霸子。文書、企劃、創作方面，有勇無謀，有膽無識，以為自己敢死、不怕死就是英雄，卻不知別人在利用您建立他們的王國。

人際

您是善良百姓眼中的一隻惡狼，卻是幕後藏鏡人眼中的一隻笨狗。

愛的小叮嚀

您充滿了刑傷和感情惡化的衝擊。有一個殺人放火、無惡不做的強姦犯被法官判死刑，他不服氣地說，自己從小生長在孤兒院，所以才會造成今日偏差的行為，法官於是告訴他，他也是孤兒院長大的。可見機運好不好、環境不好，不是個人行為與結果的藉口，要為行為與結果負責的，永遠是自己。

廉貞破軍

★ ★ ★ ★ ★

格局

台灣尚青，世界金牌獎！您的運勢旺的不得了！您是一個理想主義者，所以會勇往直前，因此能將潛能發揮到極致，而且也因為您這種凡事都破釜沈舟的個性，一直險中求勝，十分不可思議。

事業

您是一個十足的事業主義者，將工作擺在第一位，但您內心又並非「沒血沒目屎」，很渴望愛情，所以你又多情，是個「博愛」的革命家，您的一生離不開事業和愛情，而且都頗為輝煌。您是施明德嗎？

財富

您雖然有不錯的財富收入，不過能夠積蓄養老的卻不多，因為您在意的是不斷的擴展事業版圖，所以每當有收入進來時，您就會將它投注到新的投資或奢華享受去，所以您擁有的資產，很多是這樣的生產設備或消費品。

愛情

您與伴侶的感情疏離，但您很疼惜他，另外，您的理想性格過於濃厚，他對您的瞭解也不夠。如果您還沒有伴侶，可以遇到一位

大方的異性，您們會互相吸引，因此很快墜入愛河，至於相互瞭解，則是後續的事。

學業與科名

學業成績優秀，對於有興趣的科目會相當的投入，乃至成為一代大師，您不是一個墨守成規的書蟲。文書、企劃、創作方面，您表現出強烈的個人風格，讓人無法逃避的氣勢洶湧而來，這樣的氣魄給它十個金牌都不為過。

人際

您喜歡影響別人，而且您有迷人的特質、高超的理想、劍及履及的行動力，所以自然會吸引很多人與您一起打拼，成為革命型的夥伴。

愛的小叮嚀

成功有兩種方式，一種是穩紮穩打，彈無虛發；一種是勇往直前，在所不惜，這兩種方式很難說孰優孰劣，只能說要端視當時的情況與運勢是否夠旺來決定。您是屬於為了理想在所不惜的類型，而且運勢又夠旺，所以許多以往無法解決的疑難雜症，都可以好好大刀闊斧的整治一番，讓事業版圖呈現一番新的氣象。

廉貞破軍

★ ★ ★ ★ ☆

格局

運勢雖然不錯，許多任務都能達成要求，不過卻不是一帆風順，隨手就可拿到成績的，您會經歷挑戰，然後才獲得勝利，而且，在這過程中，支持您勇往直前的，是您心中的理想，「理想」對您來說，是很大的驅動力。

事業

您充滿改革的熱誠，不過卻因為掣肘太多，所以必須花費更多的精力和心思去處理它，因而顯得格外辛勞，但終能獲得不錯的結果。如果有異性對您表達愛意，您會更有戰鬥力。

財富

雖然您的財富收入還不錯，不過您將它積蓄起來的可能性很小，因為您會將收入拿去投資自己有理想、有興趣的東西，您就是這樣一直專注於自我意識，而非安穩的人，在運勢低的時候，手頭就難免會有些緊了。

愛情

其實您對愛情的憧憬和浪漫是很高度的，不過因為您必須在外經營事業，所以會疏於照顧與伴侶的關係。如果您還沒有伴侶，會

遇到一位優質的異性，您們會很快的吸引對方，兩人相互認識會不
夠深入。

學業與科名

不錯，您對學問喜歡探究它的實用性，因此，您必須一邊發掘
問題，一邊追究理論，不適合教條式的理論教學。文書、企劃、創
作方面，您崇尚研發新技巧，並且大膽採用自己情有獨鍾的藝術形
式，因而受到前衛人士的喜愛。

人際

您給人家一種理想主義的神秘色彩，而且不是說說而已，而是
能夠身體力行，因為您有不錯的表現，所以人們也會逐漸接受您的
想法。

愛的小叮嚀

堅持理想是辛苦的，不過堅持理想的過程也是最美的，雖然旁人無
法理解這種滋味與情境，不過您知道，您的付出是心甘情願的，而
且還好，因為運勢不錯，所以您的付出大多也能得到回報。不過，
您必須小心處理與家人疏離的關係，因為這會是您的痛處所在，因
此您應該多花一點時間在他們身上。

廉貞破軍

★ ★ ★ ☆ ☆

格局

雖然說運勢平平，不過您會遭遇一些突如其來的波折，以致令自己覺得有些煩，任務進度的達成也因而出現變數，雖然這些都是可以克服的，不過真的是非常令人躁鬱。

事業

雖然您企圖改變一些東西，將事業帶領到新的境界，不過現實環境不太容許您這麼做，而且反對的聲浪也算不小，因為理想不能實現，因而您會處在一種不悅和挫折的情境中。您會覺得這麼挫敗，都是因為陳義過高，並易被異性迷惑所致。

財富

沒有特殊的進財機運，不過因為您是個理想很高的人，所以也不會甘於坐領固定薪水，因此您會有其他的投資理財規劃，不過因為財運平平，所以成效也並不突出，如果在不該出手的時候出手，會為您帶來額外的損失。

愛情

因為您老是覺得伴侶無法真正瞭解您的心，再加上因為您會將很多時間花在工作上，所以彼此之間的裂痕已經越來越大了。如果

您沒有伴侶，您會遇到一位氣質特殊的異性，您們可能交往，最後因為瞭解而爭吵。

學業與科名

您不是一個可以安靜下來的人，但您的思考概念還算不錯，所以能維持在一個水平。文書、企劃、創作方面，您的作品成熟度還不夠，結構、細膩度還有待加強，不過，您有突破傳統窠臼的前衛藝術風格顯現出來。

人際

您的理想性過於強烈，所以會讓人覺得您太浪漫，而且有些堅持己見無法溝通，因此與人發生一些歧見，不過這也都還好，並不會影響您的人際關係，而是您的一種人格特質。

愛的小叮嚀

因為運勢不夠好，所以對於理想和鬥志都十分旺盛的您而言，無非也是倍感艱辛，如果您能Take it easy，世界就會變得美麗一些，您也會變得輕鬆一些，不過，您也會因為失去理想的堅持，而變得比較沒有以往那麼鬥志旺盛，這其中的拿捏，或許就在您的一念之間吧！人是應該為理想而活，不過面對挫折，倒是不用那麼耿耿於懷。

廉貞破軍

★ ★ ☆ ☆ ☆

格局

哇咧，運不好噢！其中會有刑傷和法律問題出現，而您的心情也處在一種虛妄狀態之中，經常有不切實際的想法，因而顯得窒礙難行，可是您卻一意孤行，因而使得事情雪上加霜，成為不容易處理的爛攤子。

事業

您的想法並沒有受到大家的支持，但您會力排眾議，孤注一擲，加上時運低落，所以便兵敗如山倒，此外也可能因色惹禍，您內心承受的壓力和悲痛也就可想而知了。

財富

呈現嚴重的虧損，而且還在持續擴大，這肇因於您的野心太大，因為一開始便以借貸的方式籌措資金，後來更不斷借款來彌補損失，所以終於造成這樣的結果。這時，法院的傳票、黑道的限期令都可能傳到您家裡來了。

愛情

您與伴侶的關係已經決裂，您們之間欠缺瞭解，而您也可能在外面尋求其他人的慰藉，因而惹出禍端來。如果您還沒有伴侶，會

遇到一位奇特的異性，不過事後您會發現，他果然非常奇特，最後竟變成一段可怕的夢魘。

學業與科名

學校的課業也就不用多說了，因為您已經立志當古惑仔。不過縱然如此，恐怕以您目前的運勢要在黑社會混出名堂，可能也不是件容易的事，您很可能只是一個供人使喚的嘍囉，蹲在店面口把風的圍事，回頭吧，迷途的羔羊！

人際

您以為自己是人見人怕的山霸大仔，前面不是說了，您只是一隻羔羊。

愛的小叮嚀

運勢真的不好，因此您千萬不能再用其他不正當的方法去處理問題，否則被抓去鐵籠子裡關起來吃免錢飯是必然的事。勸您凡事低調，並且委託律師和專業人士來為您處理問題，這樣才能將事件的衝擊破壞降到最低，其實您自己也應該深切反省，世事並非憑著一股理想和衝勁就能完成，它更需要智慧、眾人的支持，尤其是成熟、穩重的心智。

廉貞破軍

★ ☆ ☆ ☆ ☆

格局

現在，您知道事情的嚴重性了吧！因為您太過於相信自己的理想和判斷，而且無所不用其極的去籌措資金，甚至用不正當的方法從事不正當的行業，終於驚動黑白兩道，最後事情才會變得如此無法收拾。

事業

您經常抱著「不成功，便成仁」的想法、「寧鳴而死，不默而生」的錯誤觀念，因此用盡怪招想要建立自己的王國，所以最後終於牡丹花下死。

財富

您積欠的債務可能無法清償了，法律上的問題好解決，頂多宣布破產、坐牢，黑道的問題則難解決，因為他們不會輕易放過您。所以最終您還是應該尋求法律來處理，而這也才是自保的方式。

愛情

您和伴侶之間的衝突已經提升到法律的層次，電視新聞也有播出喔，因為您在激動的時候經常會失去理智，往往鑄成大錯。如果您還沒有伴侶，會遇到一位異性，不過您不要見獵心喜，他是妖

孽，您是白骨精，又會有什麼好結局呢？

學業與科名

您已經放棄學校的課業，立志在黑社會有一番作為，您的老母親因此昏厥了好幾次，老父也不敢下田耕作。不過可以預期的，您進入黑社會後，會出名，因為電視報導會每天播報您的逃往行蹤。

人際

如果您被正法了，那天會有很多人放鞭炮，電視也會全程實況轉播，收視率也會創新高。

愛的小叮嚀

許多頭號通緝犯在正法前都會後悔自己的所作所為，可見人是一時衝動，一步踏錯之後，不知也無法悔改，直到無法收拾，而這都肇因於錯誤的價值觀和太過於意氣用事。您非常容易因為太過堅持意念、過度衝動、太在乎異性，而做出錯誤的決定、偏激的行為，您應該凡事低調以對，等到情緒恢復理性了，再做打算，這樣才能避免鑄成大錯。

終點站：You will be back！

恭喜您，您已經大概遊歷了一遍「紫微悠遊樂園」，因而對紫微有了基本的概念，下機前，我們還要告訴您更多更深入的技巧。

一、命宮和其他宮

命宮是個種子，能看出各種運勢，但如果要更詳細的觀察各種運勢，就要再觀察其他各宮，但此時，兩個結果可能不一樣，該怎麼辦？譬如命宮座天同的人，個性很愛撒嬌，所以在愛情上應該很甜蜜，可是如果此時夫妻宮是天梁，個性卻很沉悶，不利愛情，這時愛情運到底好不好？

這就是一種「拉鋸效果」，以上面的例子來說，如果命宮的天同是6分，夫妻宮的天梁是-2分，那天同表現出來的效果會比較多，但效果卻被天梁拉低了。相反的，如果天同是2分，天梁是-6分，那天梁表現出來的效果會比較多，但效果卻被天同拉回了一點。

命宮與其他各宮的拉鋸作用也是一樣，雖然有點複雜，但也是紫微好玩的地方，所以值得細細品味。

二、流運的運勢

我們有本命的運勢，也有十年的大限運勢，還有一年的小限運勢，我們可以分別算出本命、大限、小限三種運勢的強弱。但事實上，我們的運勢是一直被本命影響，這十年則是被大限影響，今年則是被小限影響，所以，我如果要瞭解今年綜合起來的運勢到底如

何，應該以本命、大限、小限分數各佔三分之一來計算，得到的答案才會比較正確（也可以總合再除以3）。所以命好的人，運不好也會減分；命不好的人，遇到運好也會加分，因此人人都有可能變好，也都有可能變不好，所以要勝不驕，敗不餒。

三、加強效果

我們在前面的星站裡提供的只是主要星星「標準型」的資訊，如果您想要更精確的計算，在這裡可以提供您更多星星的資訊，更能增加您的準確度。

增加恩愛：天姚、紅鸞、天喜。（命宮、福德、夫妻、子女、父母、兄弟適用）

感情孤獨：孤辰、寡宿。（命宮、福德、夫妻、子女、父母、兄弟適用）

爛桃花：沐浴、咸池。（命宮、福德、夫妻、子女、父母、兄弟適用）

增加科名：恩光、天喜。

增加壽命：天壽、長生。

增加外出機會：天馬、三台、八座。

增加宗教性：龍池、鳳閣、華蓋。

增加靈異性：封誥、天巫、陰煞（精神病適用）。

增加傷病：天刑、天使、病符。

官司是非：官府、官符。

空星：逢地空、地劫、天空、空亡（旬空）、截空（截路、傍

空）三顆以上會降低破壞的衝擊性，也降低刑傷，但也會降低成就。

四、融會貫通

因為除了命宮之外，我們也受到其他宮位和大限、小限的影響，而且現代社會五花八門，所以呈現出來的現象作用實在無法一言以蔽之，每欄資訊提供的都只是典型狀況，所以您有必要熟讀其他各種情況，以便能隨時加以引用，而不是照本宣科而已。

五、高等紫微技巧

如果您懂得用宮干四化、流年飛星、流年四化，勢必能做更精確的計算，這時，您可以改變一下計分的區間，但還是可以適用本書。

Well，飛機已經回航了，相信各位一定有一趟愉快的命運探索之旅，同時也更懂得探索的方法和樂趣，所以You will be back反複做更多的探索！到站了，提醒各位不要忘了隨身的行李，也不要拿錯別人的東西，See you next time！

國家圖書館出版品預行編目資料

翻書就能算紫微／林金郎著.
第一版——臺北市：知青頻道出版；
紅螞蟻圖書發行, 2008.2
面；　公分. ——（Easy Quick；84）
ISBN 978-986-6905-97-1（平裝）

1.紫微斗數
293.1　　　　　　　　　　97000818

Easy Quick 84

翻書就能算紫微

作　　　者／林金郎
美術構成／劉淳涔
校　　　對／周英嬌、楊安妮、林金郎
發 行 人／賴秀珍
榮譽總監／張錦基
總 編 輯／何南輝
出　　　版／知青頻道出版有限公司
發　　　行／紅螞蟻圖書有限公司
地　　　址／台北市內湖區舊宗路二段121巷28號4F
網　　　站／www.e-redant.com
郵撥帳號／1604621-1　紅螞蟻圖書有限公司
電　　　話／(02)2795-3656（代表號）
傳　　　真／(02)2795-4100
登 記 證／局版北市業字第796號
港澳總經銷／和平圖書有限公司
地　　　址／香港柴灣嘉業街12號百樂門大廈17F
電　　　話／(852)2804-6687
新馬總經銷／諾文文化事業私人有限公司
新 加 坡／TEL:(65)6462-6141　FAX:(65)6469-4043
馬來西亞／TEL:(603)9179-6333　FAX:(603)9179-6060
法律顧問／許晏賓律師
印 刷 廠／鴻運彩色印刷有限公司
出版日期／2008年2月　第一版第一刷

定價350元　港幣117元
ISBN 978-986-6905-97-1　　　　　　Printed in Taiwan